W0257466

X.media.press

Springer

Berlin
Heidelberg
New York
Hongkong
London
Mailand
Paris
Tokio

Thomas Maschke, 1956 in Hamburg geboren, lebt seit seiner frühesten Jugend in kleinen Dörfern rund um Bamberg in Franken und möchte weder diesen Landstrich noch das Landleben missen. Er ist seit vielen Jahren freischaffend als Autor und Fotograf tätig und möchte auch auf die dadurch gewonnene Freiheit nicht verzichten. Seine weit gestreuten Interessensgebiete haben ihn Bücher über Foto, Video, Design und Computer schreiben lassen. Im Laufe der Jahre hat er weit über vierzig Fachbücher und ungezählte Fachartikel veröffentlicht. Schwerpunkte seiner Arbeit liegen im Computerbuchbereich (Macintosh!), daneben publiziert er regelmäßig in Zeitschriften, reist, fotografiert und schreibt unter anderem für die Zeitschrift „tours".

Thomas Maschke

Digitale Aufnahmetechnik

Digitale Fotografie in der Praxis

Durchgehend vierfarbig illustriert

Springer

Thomas Maschke

Friedensstraße 14
96182 Reckendorf
thomaschke@compuserve.de

ISBN 978-3-642-62173-4   ISBN 978-3-642-18579-3 (eBook)
DOI 10.1007/978-3-642-18579-3

ISSN 1439-3107

Bibliografische Information der Deutschen Bibliothek
Die Deutsche Bibliothek verzeichnet diese Publikation in der
Deutschen Nationalbibliografie; detaillierte bibliografische Daten
sind im Internet über <http://dnb.ddb.de> abrufbar.

springer.de

© Springer-Verlag Berlin Heidelberg 2004
Ursprünglich erschienen bei Springer-Verlag Berlin Heidelberg New York 2004
Softcover reprint of the hardcover 1st edition 2004
Die Wiedergabe von Gebrauchsnamen, Handelsnamen, Warenbezeichnungen usw. in diesem Werk berechtigt auch ohne besondere Kennzeichnung nicht zu der Annahme, dass solche Namen im Sinne der Warenzeichen- und Markenschutz-Gesetzgebung als frei zu betrachten wären und daher von jedermann benutzt werden dürften.

Umschlaggestaltung: KünkelLopka, Heidelberg
Satz: Belichtungsfertige Daten vom Autor
Druck und Bindearbeiten: Appl, Wemding
Gedruckt auf säurefreiem Papier   33/3142 ud   543210

Digitale Mythen

Es gab und gibt viel Brimborium und auch Geheimniskrämerei um die digitale Kamera; sie war den einen Heilsbringerin, den anderen Teufelszeug. Ganz zu Unrecht. Denn was bei allem Grübeln über Auflösung, Bits und Bytes und farbige LCD-Monitore allzu leicht und allzu gern vergessen wird: Auch eine digitale Kamera folgt denselben optischen und physikalischen Gegebenheiten wie jede andere Kamera.

In der Praxis unterscheidet sich die digitale Aufnahmetechnik letztlich nicht von der konventionellen: Die optischen Gesetzmäßigkeiten sind die gleichen, auch die Empfindlichkeit des Bildwandlers ist denen einen Films von ISO 50/18° bis ISO 1600/33° (und mehr oder weniger, je nach Kameramodell) vergleichbar.

Der wesentliche Unterschied zwischen digitaler und analoger Fotografie ist die Art der Bildaufzeichnung und -speicherung: Während bei der analogen Kamera der altbekannte Film das Bild sowohl aufzeichnet als auch gleichzeitig speichert, wird das Bild bei der digitalen Kamera in der Regel von einem Bildwandler erfasst (ganz ähnlich wie bei einer Videokamera). Dieser digitale Datenstrom wird dann weitergeleitet zu einem Speichermedium (das kann ein interner Speicher oder auch eine auswechselbare Einheit wie zum Beispiel eine PC-Karte sein).

Die Bildaufzeichnung ist aber bei einem Foto erst der letzte Schritt einer Aufnahme. Davor stehen zum Beispiel Überlegungen zu Motiv und Komposition; es gilt, ein Augenmerk auf die Brennweite zu richten, sich um die Lichtverhältnisse zu kümmern usw. Kurz, auch die digitale Fotografie ist vor allen Dingen Fotografie:

Schreiben mit Licht, Erzählen in Bildern.

Vermeiden Sie es dabei, es jenen „professionellen Autodidakten" gleichzutun, die mit ein wenig Hintergrundwissen, ein bisschen Ausprobieren und ein paar Geräten glauben, die Materie voll zu beherrschen. Frei nach dem Motto: „Ich besitze Kamera XYZ, und das ist die Beste". Ihnen ist dabei nicht bewusst, dass Kamera XYZ deshalb die Beste ist, weil sie sie besitzen. Nicht, weil es tatsächlich die

Beste ist. Gleiches gilt dann für die gesamte Hard- und Software – und das vorhandene Wissen.

Nicht allein das Medium bestimmt die Qualität – auch Sie selbst sind unteilbarer Bestandteil dieses multimedialen Ereignisses, das sich digitale Fotografie nennt. Übernehmen Sie Verantwortung, auch für die digitale Fotografie; setzen Sie sich mit dem Belichtungsmesser, der LCD-Darstellung und der restlichen Technik – und deren Grenzen – auseinander. Erst der bewusste und gekonnte Einsatz aller Medien – Mensch, Kamera, Computer, Software – eröffnet weiter gehende Gestaltungsmöglichkeiten.

Nutzen Sie die Technik nicht um ihrer selbst willen; lassen Sie sich Idee, Konzept und Spontaneität nicht von ihr verwässern.

Digitale Produktion

Das Manuskript zu diesem Buch wurde mit viel Freude (am Schreiben und am Gerät) auf einem *PowerBook G4/800* verfasst. Teile wurden diktiert *(Olympus Pearlcorder S928)* und von einem Schreibservice abgetippt; der gesamte Text ist in *Word X* überarbeitet und korrigiert worden, er wurde dann in *RagTime X* layoutet und für den Druck in ein PDF überführt.

Die Beispielfotos stammen aus unterschiedlichen Quellen: Teilweise wurden analoge Fotos digitalisiert (auch auf Photo-CD), zum Großteil aber wurden sie mit folgenden Digitalkameras aufgenommen: *Kodak DCS 620x, Minolta Dimage V, Minolta Dimage 7* und *Dimage 7i, Nikon Coolpix 950* und *Coolpix 990, Nikon D1, Sony Cybershot DSC-S70* und *Sony DSC-P1.* Für die Bildbearbeitung wurden der *GraphicConverter* und *Adobe Photoshop* eingesetzt.

Danksagung

An dieser Stelle möchte ich ganz besonders meinem Freund und Ratgeber Thomas Heinemann danken, der all meine – mehr oder weniger wirren und ungeordneten – Gedanken und Ideen überdacht und gegengelesen hat. Der meinem Manuskript mit sehr viel Mühe und noch mehr Sachkenntnis zu Leibe gerückt ist und sein Möglichstes und Bestes getan hat, aus diesem Manuskript ein gutes Buch zu machen. Danke schön, lieber Thomas.

Franken, im Frühjahr 2004

Thomas Maschke

Inhaltsverzeichnis

Kapitel 1 – Kamera-Setup

Kapitel 2 – Belichtung

Kapitel 3 – Praxis der digitalen Fotografie

Kapitel 4 – Blitzlichtfotografie

Kapitel 5 – Motive und Themen

Kapitel 7 – Fotos digitalisieren

Kamera-Setup

1.1 Grundlegende Kameraeinstellungen

Wer das erste Mal die Bedienungsanleitung seiner Kamera in die Hand nimmt, ist nicht selten entmutigt: Was es da alles einzustellen und zu wählen gibt! Es ist auf den ersten Blick nicht gerade einfach, unter all den Optionen die jeweils passenden auszuwählen.

Nicht selten schweigt sich die Bedienungsanleitung zudem über die Bedeutung der Einstellungen aus. Aufgelistet findet sich zwar, was es wo einzustellen gibt, aber das „Warum" und „Wozu" bleibt unbeantwortet.

Andererseits ist dieses „Feintuning" eine der großen Stärken von Digitalkameras – sie können den persönlichen Bedürfnissen in weiten Bereichen angepasst werden und machen dann genau die Aufnahmen, die man sich wünscht. Deshalb soll hier die Rede von wichtigen Einstellungen sowie deren Möglichkeiten sein, auf dass der Fotograf mit optimal eingestellter Kamera in den Aufnahmetag ziehen kann.

Die Grundeinstellungen der Kamera werden vor der ersten Inbetriebnahme, zu Beginn eines Aufnahmetages und bei wechselnden Motivanforderungen (etwa von Makro zu Sport) angepasst. Das sollten Sie bei neuer (unbekannter) Kamera ein paar Mal in Ruhe Zuhause und mit der Bedienungsanleitung vor Augen durchspielen, damit Sie mit den notwendigen Schritten vertraut werden.

Dann geht es später in der Praxis zügig und Sie müssen nicht auf die besseren Aufnahmen verzichten, weil Ihnen die Einstellung nicht vertraut respektive die Funktion nicht geläufig ist (und das Handbuch wieder Zuhause liegt).

Auch deshalb empfiehlt es sich, das oft nur als PDF-Datei beiliegende Handbuch zur Kamera auszudrucken, damit es greifbar ist – die Kamera wird so im Wortsinn besser begreifbar.

1.1.1 Empfehlungen

Die im Folgenden empfohlenen Einstellungen stammen aus der Praxis und beruhen auf persönlicher Erfahrung – und auf Vorlieben des Autors.

Es gibt ebenso gute Gründe, diesen Anregungen zu folgen, wie sie völlig zu verwerfen. Wichtig ist, dass man sich die Ursachen und Wirkungen einer Funktion bewusst macht, um dann ganz gezielt die persönlich beste Entscheidung zu treffen.

Die kann letztlich auch ganz simpel ausfallen, wie bei jenem Profifotografen, der sich an seiner Kamera alle Einstellknöpfe hat abkleben lassen, um nur ja nichts verstellen zu können: Der volle Automatikmodus war genau, was er wollte, um sich voll aufs Motiv konzentrieren zu können. Andere schwören dagegen mit ebenso guten Argumenten auf die manuelle Einstellung aller Parameter.

Moderne Kameras können sehr viel. Aber nicht alles, was geboten wird, muss zwingend auch genutzt werden. Es ist vielmehr so wie mit dem Festbüffet: Für alle wird etwas geboten; nicht alle aber essen alles. Es ist doch schön, eine Wahl zu haben und zu treffen.

Und so bleibt jedem Fotografen letztlich nichts anderes, als für sich auszuloten, wo seine Vorlieben liegen.

1.2 Bildauflösung

Mit dem Kauf der Kamera ist auch die Entscheidung über die höchstmögliche Auflösung gefallen; darüber also, wie feinauflösend das Foto gemacht wird respektive wie groß es später ausgegeben werden kann. Das stellt sich in der Übersicht so dar:

	sehr gut	gut	akzeptabel
2 Megapixel	10 x 13 cm	15 x 20 cm	20 x 27 cm
3 Megapixel	13 x 18 cm	19 x 26 cm	26 x 35 cm
5 Megapixel	16 x 21 cm	24 x 32 cm	32 x 43 cm
8 Megapixel	21 x 28 cm	31 x 41 cm	41 x 55 cm

Die Bewertung „sehr gut" in obiger Aufstellung legt 300 dpi bei der Ausgabe zugrunde. Die Angaben können nur Anhaltspunkte sein, denn die tatsächliche Einstufung hängt maßgeblich von der Qualität des gesamten Systems (Qualität von Bildwandler, Objektiv, Gehäuse, Rechenverfahren, …) ab.

So zeigen Ausbelichtungen im guten Fotolabor bereits bei 200 dpi hervorragende Ergebnisse. Und bei sehr guter Aufnahmequalität (= hochwertiger Kamera) kann wenigstens auf 150% skaliert werden – die Einstufung rutscht in beiden Fällen um jeweils eine Stufe nach oben. Eine hervorragende Kamera mit 5 Megapixeln, gekonnte Bildbearbeitung und Schärfung und sehr gute Halbtonausgabe mit 200 dpi etwa summieren sich dann auf ein „sehr gut" für das Format DIN A3.

Neben der höchstmöglichen Auflösung kann aber bei den meisten Kameras auch eine geringere Auflösung – oft in mehreren Stufen – eingestellt werden. Statt maximal 2048 x 1536 Bildpunkten können dann beispielsweise 1024 x 768 Bildpunkte oder 640 x 480 Bildpunkte gewählt werden.

Mit dieser Einstellung legen Sie die Detailschärfe der Fotos fest. Je höher aufgelöst ein Foto ist, desto mehr Informationen sind enthalten und desto größer kann es auch in sehr gut bis guter Qualität ausgegeben werden.

*Niedrige Auflösung
bedeutet geringe
Detailschärfe.*

Normalerweise stellen Sie hier die höchste Bildauflösung ein, dann bleiben Ihnen später alle Möglichkeiten offen. Wissen Sie andererseits bereits um den genauen Einsatzzweck – machen Sie beispielsweise Fotos fürs Web – dann können Sie für diesen Zweck die Auflösung reduzieren, sparen Speicherplatz und die Bilder lassen sich schneller einlesen und bearbeiten.

*Je höher die Auflösung,
um so mehr Details
bleiben kenntlich.*

Aber – nach dem Fotografieren das Umstellen auf die bessere Auflösung nicht vergessen!

1.3 Bildkomprimierung

Je höher die Auflösung der digitalen Kamera ist, desto größer ist auch der Speicherbedarf für das einzelne Foto. Die meisten Kameras komprimieren deshalb die Bilder noch vor dem Speichern, meist im JPEG-Format. So passen deutlich mehr Fotos auf die Speicherkarte und die Bilddaten können zudem nach der Aufnahme schneller gespeichert werden (weil weniger Daten auf die Speicherkarte transferiert werden müssen).

Durch die Komprimierung reduziert sich der Speicherbedarf für das einzelne Bild beträchtlich; bei gut bis sehr gut bleibender Qualität. Wenn Sie einmal das komprimierte Foto aus einer Digitalkamera in den Computer laden, werden Sie feststellen, dass das unkomprimierte Bild – je nach gewählter Komprimierungsmethode – 5–20 mal größer werden kann.

Faustregel: Die erste Komprimierungsstufe ist kaum oder gar nicht schlechter als unkomprimierte Daten und bietet den besten Kompromiss zwischen Speicherbedarf und Bildqualität. Minolta etwa gab für die Dimage 7 an (und das stimmt), dass kein Qualitätsunterschied zwischen der besten JPEG-Komprimierung (typischerweise 3 Megabyte pro Bild) und unkomprimierten TIFF-Dateien (12 Megabyte pro Bild) bestünde. Diese Aussage gilt so ohne Weiteres auch für andere Kameras. (Zu den Bildformaten siehe auch das Glossar im Anhang.)

So wie die gewählte Bildauflösung die Detailschärfe bestimmt, bestimmt die Komprimierung die Detailzeichnung. Mit zunehmender Komprimierung nimmt die Detailzeichnung ab, das bedeutet, feinste und feine Farbnuancen werden immer mehr eingeebnet, das Foto wird „grobmalerisch".

Es ist völlig einsichtig, dass ein unkomprimiertes Foto in höchster Auflösung am meisten Speicherplatz beansprucht, aber eben auch die beste Qualität zeigt. Ebenso, wie ein maximal komprimiertes Foto in geringster Auflösung natürlich am wenigsten Speicherplatz benötigt – und am schlechtesten aussieht.

Auf der folgenden Seite ein Vergleich unterschiedlicher Komprimierungsstufen:

*Unkomprimierte
TIFF-Datei;
14 Megabyte*

*Niedrigste JPEG-
Komprimierung;
1,6 Megabyte*

*Höchste JPEG-
Komprimierung;
0,5 Megabyte*

Links ein Vergleich verschiedener Bildkomprimierungen. Er versucht mögliche Qualitätsunterschiede deutlich zu machen. Wobei sowohl hier im Druck als auch bei der Beurteilung am Bildschirm schon eine sehr hohe Vergrößerung gewählt werden muss, damit die Unterschiede augenfällig werden. Hier ist jeweils das Fenster der Bildbearbeitung bei einer Vergrößerung auf 800% zu sehen.

Am deutlichsten fällt die höchste JPEG-Komprimierung ab. Hier sind besonders in dem hellen Lichtreflex auf der Heckscheibe und im Bereich des rechten Seitenfenster deutliche JPEG-Artefakte zu erkennen: Der Algorithmus fasst bei starker Komprimierung zunehmend mehr Pixelarrays zu einem Pixel zusammen, und das wird sichtbar.

Zwischen TIFF und niedrigster JPEG-Komprimierung hingegen sind auch im Original nur marginale Unterschiede feststellbar. JPEG betont im Vergleich die Kontraste ein wenig und verliert dafür ein wenig an feinster Farbzeichnung. Dabei reden wir aber wirklich über winzige Unterschiede, die in den allermeisten Fällen völlig bedeutungslos sind.

Ausnahme: Wenn ein wirklich perfektes Farbmanagement und eine absolut fähige Bildbearbeitung mit einem hervorragenden Ausgabegerät zusammenwirken und zudem die Bilddaten bis an die Grenzen ausgereizt werden müssen (feinste Farbverläufe, Skalierung auf 250%), dann können TIFF respektive RAW vielleicht wirklich noch einen Tick besser sein.

Das eben Gesagte muss man nicht glauben. Jeder Fotograf kann seine ganz individuellen Tests mit der eigenen Kamera durchführen. Das empfiehlt sich sogar unbedingt, damit er die eigene Kamera in ihren Stärken und Schwächen kennen lernt: siehe *1.4 Auflösung und Komprimierung eintesten.*

Eine Frage lässt sich auch ohne Tests sofort beantworten: Ob nämlich das hoch aufgelöste Foto bei maximaler Komprimierung besser ist; oder besser doch das niedrig aufgelöste ohne Komprimierung? In beiden Fällen können die Bilddateien nämlich in etwa gleich groß sein. Unter Umständen braucht das Foto mit der niedrigen Auflösung, aber ohne Komprimierung, sogar mehr Speicher als das hochauflösende, jedoch komprimierte Foto!

Ideal ist natürlich immer das hoch aufgelöste und gering oder gar nicht komprimierte Foto, denn dann wird die Bildinformation maximal erfasst und alle Möglichkeiten stehen offen. Muss aber doch aus Speicherplatzgründen zwischen Auflösung und Komprimierung abgewogen werden, dann entscheiden Sie im Zweifel pro Auflösung und pro Komprimierung:

Ein hoch aufgelöstes Foto mit hoher Komprimierung ergibt bessere Fotos als eine niedrige Bildauflösung bei geringer Komprimierung. (Die Dateigröße und damit der Speicherbedarf ist in beiden Fällen etwa gleich.)

Vermeiden Sie es unbedingt, am Computer mit komprimierten Bilddaten zu arbeiten. Ein sehr gebräuchliches Format ist JPEG, welches jedoch – wie soeben ausgeführt – beim Speichern verlustbehaftet komprimiert. Zur Bildbearbeitung sollten Sie daher in ein verlustfreies Dateiformat wie TIFF konvertieren, denn sonst wird nach Bildänderungen bei jedem Speichern erneut komprimiert und damit Information vernichtet: Das Bild wird immer schlechter.

1.3.1 Unkomprimierte Aufnahmen

Kameras der gehobenen Klasse erlauben die völlig verlustfreie Speicherung im TIFF- und/oder RAW-Format. In dieser Einstellung dauert das Speichern der Bilder meist deutlich länger und Serienaufnahmen sind deshalb oft unmöglich, die Kamera ist für etliche Sekunden blockiert.

Das RAW-Format verzichtet zudem auf die Farbberechnung – aufgezeichnet wird ein unkorrigiertes Schwarzweißbild, das nur von speziellen Programmen (die der Kamera beiliegen) gelesen und in ein Farbbild verwandelt werden kann.

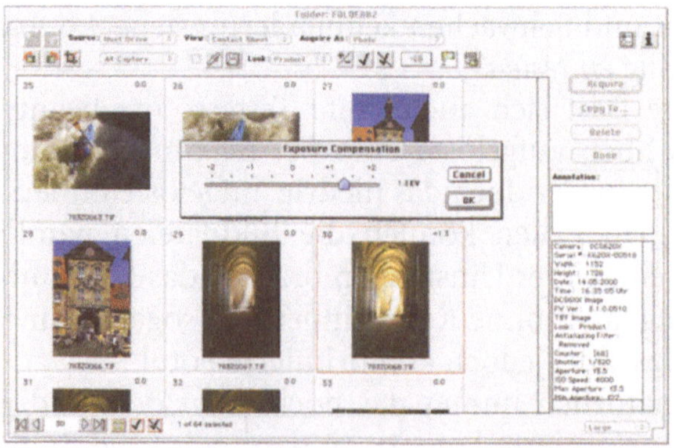

RAW-Formate können – und müssen – besonders bearbeitet werden.

Vorteil: Der Fotograf kann später am Computer mit den rohen Bilddaten arbeiten und all die Einstellungen wie Farbigkeit, Helligkeit etc. gezielt vornehmen (und auch wieder zurücknehmen und korrigieren), die ansonsten per Kamera-Setup vorgegeben und direkt in der Kamera – unwiderruflich – durchgeführt werden.

Nachteil: Nur professionelle Kameras können praktikabel mit diesem Format umgehen, weil bei ihnen der kcamerainterne Speicher groß genug ist, auch mehrere Aufnahmen hintereinander zwischenzuspeichern. Bei Amateurkameras dagegen treten Wartezeiten im Sekundenbereich auf.

Außerdem ist bei diesem kameraspezifischen Format nicht sichergestellt, dass es auch noch in zehn Jahren Software gibt, um die Fotos einzulesen. Deshalb sollten RAW-Formate auf jeden Fall zur Archivierung sicherheitshalber zusätzlich als TIFF-Datei gesichert werden.

1.4 Auflösung und Komprimierung eintesten

Sofern an der Kamera Bildauflösung und Komprimierungsstufe mehrstufig gewählt werden können, sollten Sie die gebotenen Stufen einmal ausprobieren. Oft lassen sich bei identischer bis völlig ausreichender Qualität doppelt so viele Bilder und mehr auf dem gleichen Speicherplatz unterbringen.

Faustregel: Je geringer die Bildauflösung und je effektiver die Komprimierung, desto mehr Bildinformationen fallen unter den Tisch. Das Bild wird schlechter.

Das Ganze lässt sich mit der eigenen Kamera am Besten so austesten:

1. Wählen Sie ein statisches Motiv und montieren Sie die Kamera aufs Stativ.
2. Machen Sie mehrere Aufnahmen mit den unterschiedlichen Auflösungs- und Komprimierungsstufen:
   Höchste Auflösung, alle Komprimierungsstufen durchfotografieren.
   Zweithöchste Auflösung, alle Komprimierungsstufen durchfotografieren.
   …
   Vergessen Sie nicht, genau zu notieren, welche Einstellungen jeweils aktiv waren. Am besten, Sie stellen zuerst den Ablaufplan auf und befolgen den dann sklavisch. So ist sichergestellt, dass alle notwendigen Aufnahmen in logischer Reihenfolge gemacht werden. (Notfalls können Sie die Aufnahmeparameter auch hinterher in den Exif-Daten zu den Fotos nachlesen, das ist aber keine Garantie gegen vergessene Aufnahmen.)
3. Beurteilen Sie die Ergebnisse bei höchster Vergrößerungsstufe in einem Bildbearbeitungsprogramm: Schärfe, Farbverlauf, Farbsäume, Artefakte, Farbrichtigkeit …?

Wählen Sie ein aussagekräftiges Motiv für die Testaufnahmen: Knallige Farben, große Flächen und exakt ausgerichtete Linien sind weniger gut geeignet. Besser sind detailreiche Motive mit feinsten Farbabstufungen – eine Landschaft mit pastellfarbenem oder graustufigem Himmel etwa.

Kein schönes, aber ein aussagekräftiges (Test-) Motiv.

In den Details (Zweige, Gras,…) können Sie den Auflösungsverlust gut ablesen. In den feinen Farbabstufungen (Himmel) zeigt sich, inwieweit die Kompression Farbnuancen einebnet.

Besonders auf letzteren Punkt sollten Sie ein Augenmerk legen, denn der Algorithmus der JPEG-Komprimierung tendiert sehr dazu, ähnliche Farbwerte anzugleichen – so lässt sich das Bild sehr Platz sparend speichern und das ist ja seine Aufgabe. Der Bildkraft allerdings kann das abträglich sein.

1.5 Schärfung

Überprüfen Sie die Einstellungen der Kamera daraufhin, ob die automatische Schärfung aktiviert ist: Falls ja, schalten Sie diese Funktion aus, sofern das möglich ist. Schlagen Sie dazu im Handbuch nach. Nicht immer ist eindeutig, ob und wie die Schärfung ausgestellt wird: Eine Einstellung „normal" etwa kann durchaus bedeuten, dass damit die Schärfung deaktiviert ist.

In der Regel können die Einstellungen weich – normal – scharf oder sinngemäß gewählt werden. Aus dieser Reihe ist jene zu wählen, die keinerlei Bildbearbeitung schon in der Kamera durchführt.

Sofern aus der Bedienungsanleitung nicht eindeutig hervorgeht, welche das ist, kann man entweder beim Kamerahersteller nachfragen oder aber mit der unter 1.4 geschilderten Testsequenz prüfen – diesmal auf Schärfung.

Grund fürs Deaktivieren: Die kcamerainterne Schärfungsfunktion ist nicht steuerbar, arbeitet zudem meist nicht allzu gut und kann auch nicht rückgängig gemacht werden. Kameraintern (stark) geschärfte Bilder können mehr Detailverluste zeigen als selbst die stärkste Komprimierungsstufe! Kontrolliert dagegen lässt sich nachträglich in der Bildbearbeitung schärfen – und dort kann das auch wieder rückgängig gemacht werden.

Übrigens: Meist wird auch dem Druckertreiber ein Schärfungsalgorithmus mitgegeben, der selten abstellbar ist. Beim Ausdruck der Fotos sollten Sie das berücksichtigen. Probieren Sie einmal an einem Testfoto aus (1x geschärft und 1x ungeschärft drucken), ob die Schärfung in Kamera respektive Bildbearbeitung überhaupt notwendig ist. Denn mehrfache Schärfung verschlechtert das Endergebnis eher.

1.6 Farbraum

Sofern die Kamera die Wahl des Farbraums zulässt, sollte der größte verfügbare gewählt werden, denn die Wahl des Farbraums entscheidet über Zahl der erfassten Farben und damit über die Vielfalt feiner Farbnuancierungen. Hier eine Übersicht über gängige Farbräume (Darstellung in Apples ColorSync Dienstprogramm):

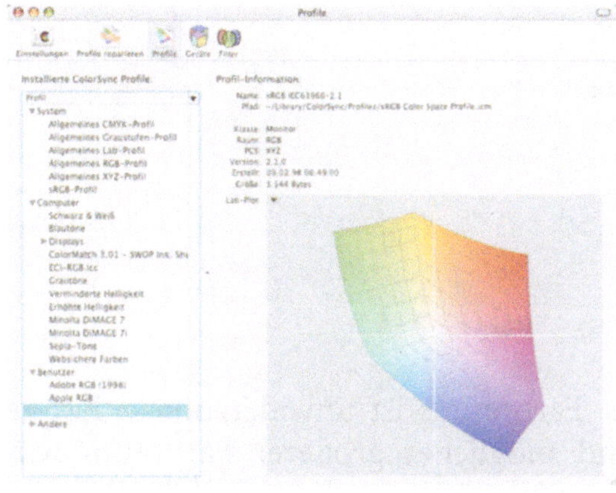

Farbraum sRGB

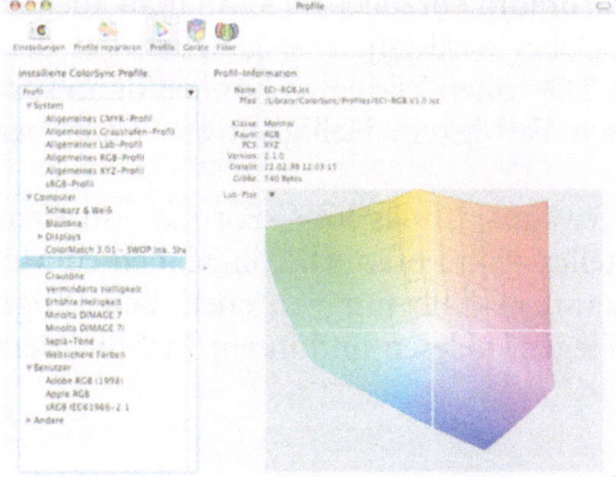

Farbraum ECI-RGB

Der mögliche Farbraum der Kamera kann auch anders aussehen. Je größer er ist, desto besser, denn je mehr Farb- und Helligkeitsinformationen das Foto enthält, um so mehr Variations- und Manipulationsmöglichkeiten bieten sich in der Bildbearbeitung.

Die Unterschiede der Farbräume respektive der darstellbaren Farben werden im Vergleich zweier Profile deutlich. Hier der Vergleich zwischen dem Farbraum ECI-RGB (hellgrau) und dem der Kamera Minolta Dimage 7i (= sRGB); (farbig):

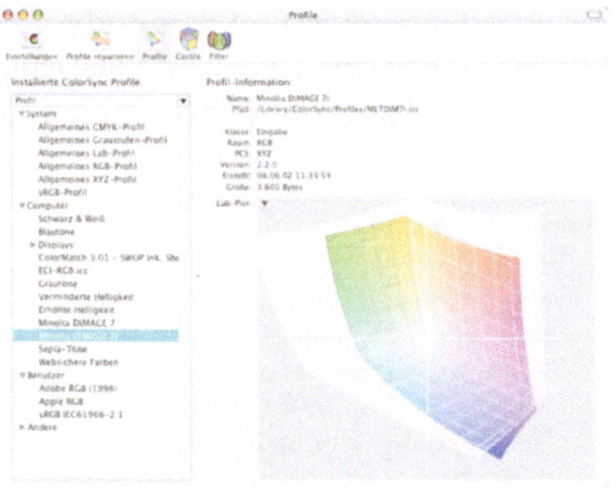

Farbraumvergleich:
sRGB – ECI-RGB

Die Wahl des Farbraums ist unwiderruflich: Ein gegebenenfalls vorhandener und möglicher größerer Farbraum wird unwiederbringlich beschnitten, wenn im Kamera-Setup ein kleinerer Farbraum eingestellt ist.

Statt einen Farbraum vorzugeben, kann man auch das RAW-Format einstellen. Dabei wird zunächst gänzlich auf die Farbberechnung verzichtet. Die rohen Bilddaten können dann später am Computer hinsichtlich Farbigkeit, Helligkeit etc. exakt bearbeitet werden.

Wie bereits erwähnt, ist das RAW-Format von Kamerahersteller zu Kamerahersteller – und oft auch von Modell zu Modell – unterschiedlich. Es kann deshalb nur von speziellen Programmen (die der Kamera beiliegen) gelesen und in ein Farbbild verwandelt werden.

1.7 Digitalzoom

Falls Ihre Kamera das erlaubt, schalten Sie das gegebenenfalls vorhandene Digitalzoom komplett aus, denn das rechnet nur einen kleinen Bildausschnitt größer. Das können Sie besser – später in der Bildbearbeitung.

1.8 Sucher

Überprüfen Sie immer wieder einmal kurz die Dioptrieneinstellung des Suchers, ob auch alles scharf zu erkennen ist. Visieren Sie dazu eine Zeitung an.

Nicht selten sind Beschwerden über einen „schlechten" digitalen Sucher allein auf falsche Dioptrieneinstellung zurückzuführen.

1.9 Monitor

Je nach Umgebungslicht wird die Einstellung der Monitorhelligkeit zur besseren Kenntlichkeit beitragen. Laufen Sie dazu im Haus herum, auch einmal ans Fenster und vor die Haustür, und stellen Sie entweder eine mittlere Helligkeit ein, die immer ein gut kenntliches Monitorbild ergibt. Oder aber machen Sie sich mit den Bedienschritten so vertraut, dass Sie die Helligkeit auch unterwegs schnell verstellen können.

Zur besseren Beurteilung der Aufnahmen ist gleich bleibende Helligkeit vorzuziehen: Stellen Sie die Monitorhelligkeit einmalig auf einen brauchbaren Mittelwert ein. Vergleichen Sie dann ein paar Fotos hinsichtlich der Darstellung auf Display, Computermonitor und Ausdruck (bei wechselnden Helligkeiten). So können Sie die Darstellung des Displays künftig besser einschätzen, was ihre „Gültigkeit" angeht.

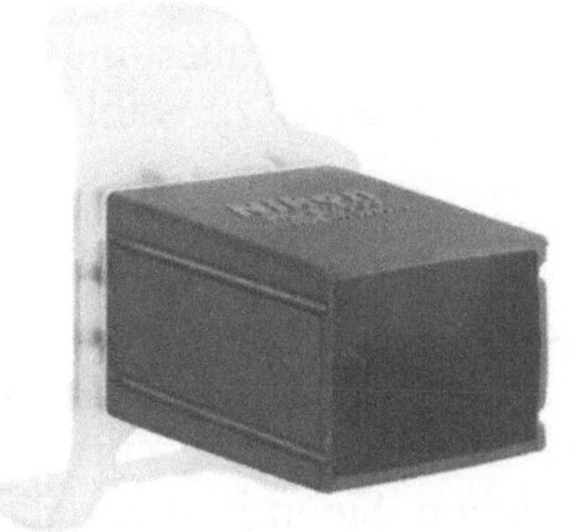

Lichtschacht zur besseren Monitorbeurteilung bei Tageslicht.
Foto: Nikon

Hilfreich kann ein Lichtschacht sein, der den Monitor besser gegen Lichteinfall abschattet. Die Kamerahersteller bieten so etwas für einige Modelle an. Im Zubehörhandel gibt es aber auch Universalmodelle in unterschiedlichen Größen (Klettbefestigung), so dass fast jede Kamera mit Lichtschacht ausgerüstet werden kann.

Mit einer weiteren Einstellung lässt sich festlegen, ob der Monitor das gesehene respektive aufgenommene Motiv immer gleich anzeigen soll: Das ist praktisch zur Sofortkontrolle, aber der Monitor ist auch ein erheblicher Stromverbraucher.

1.10 Belichtung

1.10.1 Belichtungsmessung

Für den Anfang belassen Sie es hier bei der Standardeinstellung der Kamera; das wird die Mehrfeld- oder die Integralmessung sein. Besonders die Mehrfeldmessung ist sehr ausgereift und zuverlässig.

Motivabhängig wird man dann während des Aufnahmetages auf die ein oder andere Messmethode umschalten. Mehr zu den Möglichkeiten der Belichtung deshalb im folgenden Kapitel.

1.10.2 Belichtungsprogramme

Je nach Kamera können Sie sich zwischen mehreren Belichtungsprogrammen wie Programm-, Zeit- und Blendenautomatik, sowie Motivprogrammen und manueller Einstellung entscheiden. Stellen Sie zunächst einfach die Programmautomatik ein – den Rest macht die Kamera sehr zuverlässig.

Bei besonderen Anforderungen allerdings wird es auch hier sinnvoll sein, das Programm gezielter zu wählen. Mehr dazu gleichfalls im folgenden Kapitel.

1.10.3 Belichtungsvarianten

Gezielte Über- oder Unterbelichtung einzelner Fotos oder ganzer Aufnahmeserien erreichen Sie mit manueller Belichtungseinstellung, einer Belichtungskorrektur oder auch einer Ersatzmessung. Mehr dazu im folgenden Kapitel.

1.10.4 Belichtungskorrektur

Neben der Belichtungskorrektur zur gezielten Verbesserung einzelner Aufnahmen, weil entweder der Belichtungsmesser nicht so ganz mitspielt oder aber das gemessene Ergebnis ganz bewusst etwas heller oder dunkler gehalten sein soll, kann es notwendig sein, die Tendenz der Kamera ganz grundsätzlich zu ändern.

Digitale Kameras haben ganz ähnlich wie Diafilme einen engen Belichtungsspielraum und reagieren sehr kontrastfreudig auf das Motiv. Das wiederum bedeutet, dass schon geringe Belichtungsänderungen das Ergebnis deutlich verändern können. Eine drittel oder halbe Blendenstufe macht schon viel aus.

Diese Spielräume können aber nicht mit „richtig" oder „falsch" klassifiziert werden, sondern das Ganze spielt sich vorwiegend im Geschmacksbereich ab. Stimmt nun der Geschmack des Kameraherstellers nicht exakt mit dem Ihren überein, dann stellen Sie einfach eine permanente Belichtungskorrektur an der Kamera ein.

Etwa +1/3 bis +1/2 Stufen, wenn Ihnen die Fotos zu dunkel erscheinen und umgekehrt −1/3 bis −1/2 Stufen, wenn sie ein wenig blass wirken.

1.11 Autofokus

1.11.1 Sensorwahl

Bessere Autofokussysteme stellen nicht nur auf einen Punkt scharf, sondern haben ein großes Messfeld mit mehreren Sensoren und erkennen auch bewegte Motive. Hier können Sie dann festlegen, ob das gesamte Autofokus-Messfeld benutzt werden soll, oder ob Sie selbst einen Sensor anwählen möchten.

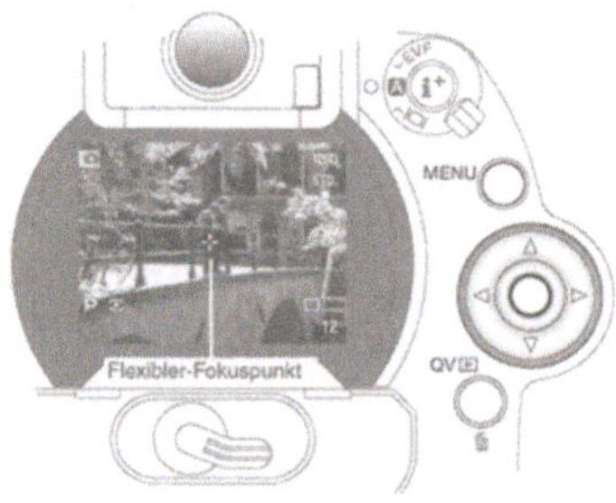

Wählbarer Autofokussensor Grafik: Minolta

Die gezielte Sensorwahl ist zum Beispiel bei Nahaufnahmen (Blumen) praktisch: Mit einem kurzen Fingertippen können Sie die Schärfe exakt auf das bildwichtige Detail dirigieren. Sollen Motive dagegen möglichst schnell zuverlässig erfasst werden (Menschen, Sport), dann ist das Gesamtfeld vorzuziehen.

Damit die Schärfe stimmt, muß der Fotograf seinen Autofokus kennen.

Probieren Sie die verschiedenen Möglichkeiten der Autofokussierung einmal in der Praxis aus; damit Sie in verschiedenen Situationen gut damit klar kommen: Die Festlegung auf den zentralen Autofokussensor etwa hat den großen Vorteil, dass schon vorher bekannt ist, wo die Kamera scharf stellen wird. Das geht oft auch der Kamera so: Damit erzielt sie die schnellste und zuverlässigste Schärfensuche (und -findung).

Nachteilig kann sein, dass man dann fast bei jedem Motiv nach der Schärfefindung den Bildausschnitt wählen muss; andernfalls gibt es nur langweilige Fotos mit „Mittenkomposition".

1.11.2 Statischer und dynamischer Autofokus

Der Autofokus lässt sich mitunter auf verschiedene Betriebsarten einstellen:

- Statischer Autofokus: Eine einmal gefundene Scharfeinstellung (und Belichtung) bleibt auf leichten Auslöserdruck so lange gespeichert, bis entweder die Auslösung erfolgt, oder aber der Auslöseknopf wieder freigegeben wird. Diese Einstellung ist besonders dann gut zu gebrauchen, wenn die Bildkomposition im Vordergrund steht.
- Nachführautofokus: Hier werden Schärfe (und Belichtungsmessung) bei bewegten Objekten nachgeführt; diese Betriebsart eignet sich besonders für Sportaufnahmen und andere Motivgebiete, bei denen sich ein Objekt bewegt.
- Automatischer Autofokusmodus: Das ist eine Kombination der beiden vorherigen Modi. Hier wird die automatische Scharfstellung sowohl bei bewegten Objekten nachgeführt, wie sie bei stillstehenden Objekten fix bleibt; abhängig vom Motiv entscheidet die Kamera über die Einstellung. Eine gute Standardeinstellung, um für alle Fälle gerüstet zu sein oder wenn hauptsächlich unbewegte Motive fotografiert werden sollen.

1.11.3 Auslöse- und Schärfepriorität

Bei Schärfepriorität (Standardeinstellung aller Kameras) gibt die Kamera den Auslöser erst nach erfolgreicher Scharfstellung für die

Belichtung frei. Findet der Autofokus keinen Scharfeinstellpunkt, dann wird der Auslöser blockiert.

Bessere Kameras lassen sich auch auf Auslösepriorität umstellen: In dem Fall löst jeder Druck auf den Auslöser eine Aufnahme unabhängig davon aus, ob das Motiv bereits scharf gestellt ist.

Standardeinstellung sollte auch für den Fotografen die Schärfepriorität sein.

In der Weitwinkelfotografie mit ihrer notorisch großen Schärfentiefe allerdings, aber auch bei Experimenten mit Verwischeffekten etc., stellt man auf Auslösepriorität um.

1.11.4 Manuelle Scharfeinstellung

In etlichen Situationen kann es hilfreich sein, den Autofokus abzuschalten und permanent auf manuelle Scharfeinstellung umzuschalten:

Beispielsweise in der Makrofotografie: Erst wird der Abbildungsmaßstab festgelegt, dann die Aufnahmeeinheit in die Schärfe gefahren. Das geht meist besser, als wenn da zusätzlich noch der Autofokus mitarbeitet.

Mit manueller Scharfeinstellung geht es manchmal schneller.

Auch zu Hause im kleinen Studio, wenn Sie die Gegenstände für Ihre nächste Internet-Auktion fotografieren: Da ist es meist angenehmer, einmal manuell scharfzustellen, als den Autofokus ständig hin- und herpumpen zu lassen.

Und bei langsamen Autofokussystemen lassen sich schnelle Motive nur so überhaupt fotografieren: Manuelle Scharfeinstellung, auf den Punkt vorfokussieren, wo das Motiv auftauchen wird und im richtigen Moment auslösen.

Recht pfiffig finden sich die beiden Betriebsarten Autofokus und manueller Fokus bei einigen Objektiven und etlichen Kameras – auch aus der Kompaktklasse – kombiniert: Nach erfolgreicher Autofokussierung kann der Fotograf jederzeit am Entfernungseinstellring drehen und die Schärfe manuell korrigieren. Das geht zum Beispiel bei einige Canon- und Nikon-Objektiven oder bei der Dimage A1 von Minolta.

1.12 Empfindlichkeit

Standardmäßig wird die niedrigste respektive die vom Kamerahersteller empfohlene Empfindlichkeit eingestellt. Bei Kameras mit Auto-Empfindlichkeitseinstellung (zum Beispiel ISO 50/18° bis ISO 400/27°) in Abhängigkeit von der Motivhelligkeit kann diese Einstellung im Regelfall bleiben.

Damit macht man auf jeden Fall gute Fotos. Wird die Empfindlichkeit automatisch auf beispielsweise ISO 400/27° erhöht, dann steigt zwar das Bildrauschen an, aber die Kamera tut das aus gutem Grund: Die Freihandaufnahme soll nicht verwackelt werden. Und ein wenig Rauschen ist viel besser als eine unscharfe Aufnahme.

Bei kritischen Aufnahmen jedoch (Sachaufnahmen vom Stativ etwa) kann es sich lohnen, die Empfindlichkeit aus der Auto-Einstellung auf einen fixen Wert einzustellen; im Beispiel wären ISO 100/21° ein guter Kompromiss aus noch sehr guter Bildqualität und ausreichend „schneller" Empfindlichkeit.

Die Elektronik ist immer optimal an die Nennempfindlichkeit der Kamera angepasst; diese Empfindlichkeitseinstellung sollten Sie deshalb bevorzugen.

Hohe Empfindlichkeit: Für Freihandfotografie bei wenig Licht.

Bei wenig Licht und Freihandaufnahmen ohne Blitz ist dennoch die höchstmögliche Empfindlichkeitseinstellung die beste: Die Fotos sind weniger verwacklungsgefährdet.

Es klang bereits an: Ganz ähnlich wie bei einem konventionellen Film existieren Abhängigkeiten. Die niedrigere Empfindlichkeit bedeutet scharfe Aufnahmen ohne Rauschen, die hohe Empfindlichkeit „rauscht" auch mehr.

Eine Anhebung der Empfindlichkeitseinstellung erhöht nicht etwa gleichzeitig auch die effektive Empfindlichkeit des Bildwandlers. Damit wird lediglich die so genannte „Integrationszeit" verlängert, jene Zeit also, während der der Bildwandler Ladung aus dem auftreffenden Licht aufbauen kann. Wird diese Zeit verlängert (sprich, die Empfindlichkeit erhöht), dann kann natürlich auch bei weniger Licht eine für die Bildentstehung ausreichende Ladung aufgebaut werden. Leider geht das mit einer Anhebung des Bildrauschens einher.

Spätestens bei hoher Empfindlichkeitseinstellung empfiehlt es sich unbedingt, die Schärfung in der Kamera ganz auszuschalten, denn sie wird auch die Artefakte des Rauschens schärfen und damit überbetonen.

Später in der Bildbearbeitung lässt sich das Rauschen dann weitgehend eliminieren – experimentieren Sie mit Weichzeichnung, Unscharfmaskierung und Kontrast, bis Sie die besten Einstellungen für Ihre Kamera gefunden haben.

1.13 Weißabgleich

1.13.1 Lichtfarben

Der Weißabgleich soll auch bei unterschiedlichen Lichtverhältnissen Farben so wiederzugeben, wie es unserem Augeneindruck entspricht. Denn unterschiedliches Licht hat auch ganz unterschiedliche Farben:

Kerzenlicht	1000 K
Normale Glühlampe	2800 K
Halogenlampe	3200 K
Morgen-, Abendrot	3000 K
Tageslicht bei klarem Himmel	5000 K
Halogenlampe & Konversionsfilter	5000 K
Bedeckter Himmel	7000 K
Nebeliges Wetter	8000 K
Klarer, blauer Himmel	10000 K
Licht im Schatten	12000 K
Im Gebirge	15000 K

Diese Auflistung reicht von „ziemlich rot" (Kerzenlicht) bis „ziemlich blau" (Gebirge) und ist in Kelvin beschrieben, dem Maß für die Farbtemperatur (0 Kelvin entsprechen dem absoluten Nullpunkt bei −273° Celsius).

Der Grund, warum wir uns des Sachverhaltes unterschiedlicher Lichtfarben normalerweise nicht bewusst werden, liegt darin, dass unser Gehirn bestrebt ist, den Sinneseindruck der Farberinnerung anzupassen – ein weißes Hemd erscheint uns immer weiß, selbst wenn es rötlich beleuchtet wird.

Allenfalls bei tiefrotem Sonnenuntergang oder bei raschem Wechsel von außen (Tageslicht) zu innen (Kunstlicht) erkennen wir Unterschiede in der Lichtfarbe. Demgegenüber registriert die Kamera die Farbtemperatur viel genauer und muss deshalb auf die augenblickliche Lichtfarbe geeicht werden – dazu dient der Weißabgleich.

1.13.2 Automatischer Weißabgleich

Alle Digitalkameras besitzen einen vollautomatischen Weißabgleich; manche bieten zudem die Möglichkeit, einen manuellen Weißabgleich vorzunehmen.

In der Regel wählen Sie die automatische Einstellung, denn sie ist unkompliziert und zuverlässig. In diesem Modus versucht die Kamera, unterschiedliche Lichtfarben automatisch so auszugleichen, dass sich farbneutrale Aufnahmen ergeben. Und ein schlechter automatischer Weißabgleich auf Kunstlicht ist immer noch besser, als wenn Sie vergessen, den Weißabgleich von Tageslicht auf Kunstlicht umzustellen.

Faustregel: Der automatische Weißabgleich ist Standardeinstellung für alle Situationen, denn er erhält auch die Lichtstimmungen etwa eines Sonnenuntergangs oder bei Kerzenlicht. Nur für möglichst farbneutrale Aufnahmen wird explizit auf die Lichtquelle umgeschaltet.

Ein paar Testaufnahmen lohnen sich: Machen Sie bei unterschiedlichen Lichtquellen (Tages-, Kunst-, Neonlicht) Aufnahmen mit jeweils allen Weißabgleichseinstellungen der Kamera. Begutachten Sie die Ergebnisse und Sie wissen dann exakt, wie sich der Weißabgleich Ihrer Kamera verhält.

1.13.3 Manueller Weißabgleich

Für besondere Anforderungen wird der Weißabgleich manuell eingestellt. Entweder, um die Farbwiedergabe zu verbessern, aber auch für besondere Effekte: Probieren Sie doch einmal die Kunstlichteinstellung bei Tageslicht und umgekehrt.

Viele Kameras zeigen eine gewisse Schwäche mit dem automatischen Weißabgleich bei Kunstlicht. In dem Fall ist es besser, gleich selbst auf Kunstlicht zu stellen.

Etliche Kameras bieten die Möglichkeit, den manuellen Weißabgleich zu eichen: Ein optimaler manueller Weißabgleich erfolgt direkt am Aufnahmeort auf ein weißes Stück Papier; bei den Lichtverhältnissen, unter denen auch später die Aufnahmen entstehen werden.

1.14 Datum und Uhrzeit

In der Regel müssen Datum und Uhrzeit nur einmalig bei neuer Kamera eingestellt werden. Das ist wichtig, weil an jedes Foto ein Exif-Tag angehängt wird, in dem die Aufnahmedaten inklusive des Aufnahmezeitpunktes festgehalten sind.

Reisende sollten zudem daran denken, dass die Kamera damit auf Heimatzeit eingestellt worden ist. Soll sie im Urlaub die richtigen Zeiten aufzeichnen, müssen Datum und Uhrzeit auf Ortszeit umgestellt werden.

1.15 Dateneinbelichtung

Bei manchen Kameras lassen sich das aktuelle Datum, die Tageszeit oder gar Texte in das Foto einbelichten. Grundsätzlich stört diese „Bildstörung" aber eher als sie hilft, denn diese Daten sind auch – zunächst unsichtbar – im Exif-Tag der Originaldateien enthalten und können in jeder besseren Bildbearbeitung abgerufen werden.

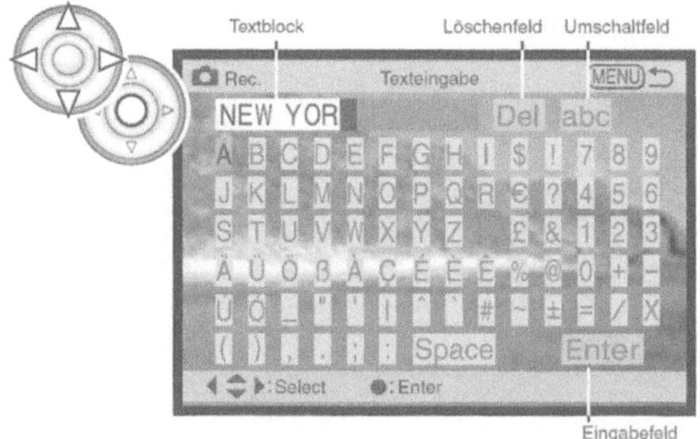

Virtuelle Tastatur zur Eingabe von Texten. Grafik: Minolta

Interessant mag diese Option zur Dokumentation sein, da dann später auf jedem Abzug die Information erscheint. Gutachter beispielsweise können diese Funktion sicherlich gut brauchen.

Denkbar ist auch, dass Fotos direkt ausgedruckt werden sollen und da mag es praktisch sein, wenn die Glückwünsche an die Großeltern auch gleich erscheinen.

Sonst aber gilt wie so oft bei den Möglichkeiten digitaler Kameras: Je „sauberer" die Daten zunächst aufgezeichnet werden, um so mehr Möglichkeiten eröffnen sich später.

1.16 Fernsehsignal

Praktisch, wenn die Kamera direkt an einen Fernseher oder ein anderes Präsentationsgerät angeschlossen werden kann, um die gespeicherten Fotos größer anzuzeigen. Die Kamera wird auf diese Weise zum einfachen Präsentationssystem.

Hier bieten viele Kameras die Option, zwischen europäischem PAL- und amerikanischem NTSC-Signal zu wählen. Wenn auf dem TV nur Geflimmer oder Falschfarben ankommen, haben Sie den falsche Signal eingestellt.

1.17 Tonsignale

Letztlich entscheiden Sie noch, ob die Tonsignale der Kamera stören und schalten sie gegebenenfalls ab. In einer Kirche oder während einer Theateraufführung etwa machen sich piepsende Kameras nicht so gut.

1.18 Optimiertes Kamera-Setup kurz gefasst

1.18.1 Standardsituationen

- Bildauflösung maximal.
- Bildkomprimierung minimal (geringste Komprimierungsstufe).
- Schärfung aus.
- Digitalzoom aus.
- Belichtungsmessung Standard (Mehrfeldmessung).
- Belichtungsprogramm Programm- oder Motivautomatik.
- Großes Autofokusmessfeld ein.
- Je nach Motivgebiet statischer oder dynamischer Autofokus.
- Standardempfindlichkeit einstellen; Auto-Empfindlichkeitseinstellung.
- Weißabgleich automatisch. Bei Sachaufnahmen unter Kunstlicht auf Kunstlicht einstellen.
- Dateneinbelichtung aus.
- Tonsignale nach Belieben.

1.18.2 Höchste Ansprüche

- Bildauflösung maximal.
- Keine Bildkomprimierung (RAW).
- Belichtungsmessung Mehrfeldmessung oder Spotmessung.
- Belichtungsprogramm Zeitautomatik (Beeinflussung der Schärfentiefe), Blendenautomatik (Beeinflussung der Bewegungsschärfe, Verwischung) oder manuell.
- Zentrales Autofokusmessfeld wählen.
- Qualitativ beste Empfindlichkeit manuell vorgeben.
- Weißabgleich manuell.
- Rest wie Standardsituationen.

1.18.3 Available-Light-Situationen

- Hohe Empfindlichkeit vorgeben.
- Spotmessung auf die Lichter.
- Empfindlichkeitskorrektur +2 bis +3 EV (vorher ausprobieren).
- Belichtungsprogramm Zeitautomatik; Offenblende wählen.
- Rest wie Standardsituationen.

1.18.4 Nah- und Makroaufnahmen

- Motivprogramm Nahaufnahmen einstellen.
  Alternativ:
- Mehrfeldmessung.
- Belichtungsprogramm Zeitautomatik; Blende so vorwählen, dass die Schärfentiefe stimmt.
- Rest wie Standardsituationen.

1.18.5 Schnelle Fotografie

- Motivprogramm Sport einstellen.
  Alternativ:
- Belichtungsmessung Standard (Mehrfeldmessung).
- Belichtungsprogramm Programmautomatik.
- Großes Autofokusmessfeld ein. Bei langsamen Systemen: Autofokus ganz abschalten und manuell vorfokussieren.
- Rest wie Standardsituationen.

Kapitel 2

Belichtung

2.1 Belichtungsmessung

Mit dem in der Kamera eingebauten Belichtungsmesser wird mit einer so genannten „Objektmessung" das reflektierte Licht gemessen, jener Anteil des Lichtes also, der vom Motiv reflektiert wird.

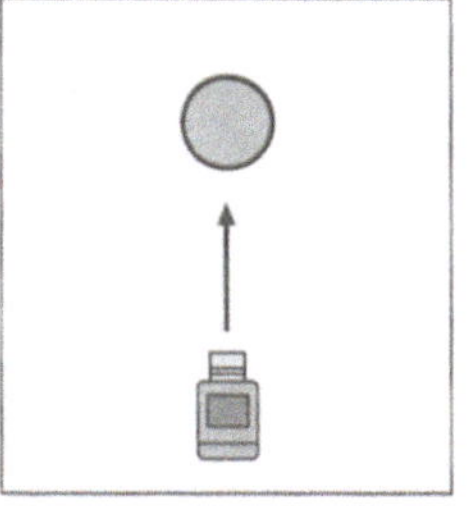

Es ist offensichtlich, dass eine weiße Fläche deutlich stärker Licht reflektiert als eine schwarze – der Belichtungsmesser misst also entsprechend unterschiedliche Werte. Auch wenn dieselbe Lichtmenge aufs Motiv trifft, die Beleuchtungsverhältnisse also exakt gleich sind, kann der Belichtungsmesser nur die – unterschiedlich starke – Reflexion messen. Unterschiedliche Oberflächen und Farbpigmente ergeben unterschiedliche Reflexionseigenschaften und somit unterschiedliche Messwerte.

Jeder Belichtungsmesser ist auf ein mittleres Grau geeicht, das einer Reflexion von 18% entspricht. Dieser Wert entspringt der Annahme, dass der normale Motivkontrast bei 1:32 liegt. Nimmt man den Mittelwert daraus, so ergibt sich das Neutralgrau zu einer Dichte von 0,75 bzw. einer Reflexion von 18% (exakt 17,68%).

Da der Belichtungsmesser auf jenes mittlere Grau geeicht ist, heißt das im Umkehrschluss, dass jede Messstelle unabhängig von ihrer tatsächlichen Eigenschaft in der Helligkeit dieses mittleren Graus wiedergegeben wird.

Bei Motiven, auf die diese Voraussetzung nicht zutrifft, muss der Fotograf den gemessenen Wert anpassen, damit sich die richtige Belichtung ergibt. Wird nach einer unkorrigierten Messung belichtet, dann wird auch eine sehr helle oder aber eine sehr dunkle Messstelle zu gleicher Helligkeit bzw. gleichem Tonwert belichtet.

Um also ein sehr helles Motiv auch hell zu bekommen, muss die Belichtung um +1 bis +2 Stufen angepasst werden. Entsprechendes gilt in Minusrichtung für dunkle Motive. Das heißt, durch gezielte Wahl des Messpunktes und dessen Interpretation kann die Belichtung eines Fotos gezielt vorherbestimmt werden.

Die modernen Messmethoden sind mittlerweile aber so ausgefuchst, dass Korrekturen nur selten notwendig werden.

Fotografieren Sie ein schwieriges Motiv, und Sie möchten sicherstellen, dass es richtig belichtet wird, messen Sie einfach ein Ersatzmotiv an, das genauso beleuchtet ist wie Ihr Motiv: Haut, Strasse,

Laubgrün, Wiese, Graukarte – sie entsprechen alle einem mittleren Grau. Speichern Sie den Messwert (eine Messwertspeicherung erfolgt normalerweise durch leichten Auslöserdruck). Dann suchen Sie den Motivausschnitt und machen die Aufnahme.

2.1.1 Charakteristik der Belichtungsmessung

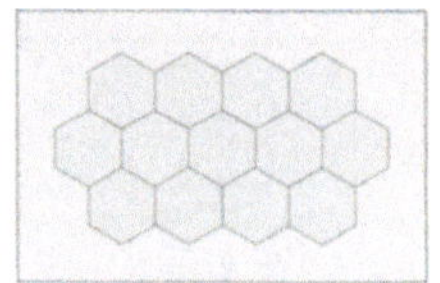

Die für den Anwender unkomplizierteste, für die Kameraelektronik jedoch komplizierteste Messmethode ist die Mehrfeldmessung – je nach Kameramodell wird ein Mittelwert aus fünf oder (viel) mehr einzelnen Messfeldern gebildet.

Die Mehrfeldmessung ist sehr zuverlässig.

Im Rahmen der Möglichkeiten – insbesondere hinsichtlich des hier recht großen Bildkontrastes – meistert die Mehrfeldmessung diese Motiv ganz hervorragend. Wegen des großen Himmelsanteils würde eine Integralmessung hier erst einmal völlig versagen. Und eine gezielte Spotmessung (oder auch eine Korrektur der Mehrfeldmessung) ist nur dann sinnvoll, wenn die insgesamt gute Bildzeichnung ganz bewusst in die Lichter oder Schatten verschoben werden soll; das geht dann allerdings nur auf Kosten des jeweils anderen Bereichs.

Die Mehrfeldmessung ist heute so zuverlässig, dass die eventuell vorhandenen, zusätzlichen Optionen Integral- respektive Spotmessung oder Belichtungsreihe nurmehr selten benötigt werden.

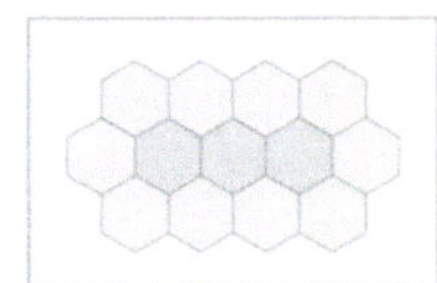

Bei der Integralmessung wird die Gesamthelligkeit des Motivs gemessen und zu einem Mittelwert addiert. Um das Hauptmotiv möglichst sicher zu erfassen, fließt die Bildmitte stärker in das Messergebnis ein als die Ränder; es ergibt sich eine „mittenbetonte Integralmessung".

Bei durchschnittlichen Motiven ohne ausgesprochenen Hell- oder Dunkelüberhang funktioniert diese Methode sehr zuverlässig. Vor- und Nachteil in einem ist die mittelnde Charakteristik der Integralmessung. Bei ausgewogenen Motiven ist eine schnelle und sichere Belichtungsmessung möglich, doch wenn das Motiv große Hell- oder Dunkelanteile zeigt, gelingen die Ergebnisse nur, wenn eine Ersatzmessung auf gleichmäßiger ausgeleuchtete Bereiche erfolgt: Bei einer Landschaft mit viel Himmel etwa wird dazu die grüne Wiese anvisiert und der Messwert gespeichert (siehe auch *2.3.2 Ersatzmessung)*.

Angesichts der sehr praxistauglichen und zuverlässigen Mehrfeldmessung gilt heute der Rat: Vertrauen Sie im Regelfall der Mehrfeldmessung und wählen Sie die exakte Spotmessung für besondere Belichtungsergebnisse, die von der Norm abweichen sollen (sofern die Kamera diese Optionen bietet).

Bei der Selektiv- oder Spotmessung ist das Messfeld mit ca. 1–3% des Bildfeldes deutlich begrenzt; der Kreis in der Mitte der Einstellscheibe bezeichnet die Messstelle. Hiermit kann jenes Motivdetail exakt angemessen werden, das im späteren Foto mit einer Dichte von 0,70 (mittlere Helligkeit) wiedergegeben werden soll.

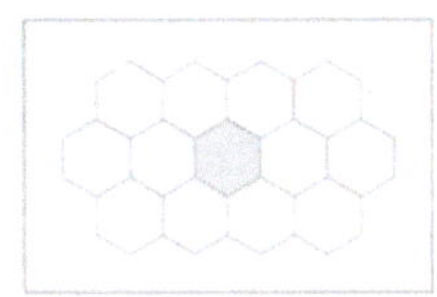

Bei der Spotmessung ist die Wahl der Messstelle entscheidend.

Da bei der Spotmessung die Messstelle ganz exakt festgelegt ist, kann auch die Belichtung sehr genau erfolgen; die Messung verspricht aber nur dann Erfolg, wenn die Messstelle richtig ausgewählt wird.

Probieren Sie die verschiedenen Messmethoden Ihrer Kamera einfach einmal am gleichen Motiv aus. Das Ergebnis sehen Sie ja sofort. Bei der Spotmessung messen Sie dazu einen besonders hellen, einen dunklen und einen Punkt mittlerer Helligkeit an – und schon wird klar, wie sie funktioniert: Der jeweilige Messpunkt wird immer in mittlerer Helligkeit wiedergegeben; der Rest entsprechend heller oder dunkler.

2.2 Belichtungsprogramme

Im Folgenden werden die Charakteristiken der einzelnen Belichtungsprogramme geschildert. Ein „bestes" Belichtungsprogramm kann es dabei nicht geben, eben so wenig, wie es ein „schlechtestes" gibt. Es ist allenfalls so, dass sich das ein oder andere in bestimmten Situationen besonders anbietet.

Verstehen Sie das große Angebot der Kamera als genau das: ein Angebot, aus dem Sie wählen können und sollen. Dabei muss nicht jeder alles wählen! Der eine schwört auf die rein manuelle Belichtungseinstellung und verwendet sie ausschließlich, ein anderer wechselt zwischen Zeit- und Blendenautomatik und ein dritter verlässt sich einzig und allein auf die Programmautomatik.

All das ist legitim und letztlich zählt nur eines: Das richtig belichtete Foto mit der passenden Schärfentiefe und der gewünschten Bewegungsschärfe.

Probieren Sie alle Belichtungsprogramme aus und spielen Sie damit. Legen Sie sich aber dann auf jene fest, die Ihnen am meisten zusagen und machen Sie sich damit vertraut. Je weniger Sie später mit den Einstellungen herumspielen müssen und je genauer Sie wissen, wie die Kamera sich verhält, um so unkomplizierter und gezielter wird das Fotografieren.

Der erfahrene und altgediente Fotograf sucht sich nicht selten just diejenige Belichtungsautomatik aus, die er bei seiner ersten Kamera (die meist nur eine Automatik kannte) gründlich kennen gelernt hat.

Und so schwört der eine auf den manuellen Modus, der andere auf Zeit- und der dritte auf Blendenautomatik. Und das wiederum zeigt, dass letztlich jede Automatik funktioniert – nur umgehen können muss man damit.

2.2.1 Programmautomatik

Die bei der Belichtungsmessung gewonnenen Daten werden von der Programmautomatik in einen Belichtungswert – eine Kombination aus Verschlusszeit und Objektivblende – umgesetzt. Dank

Computersteuerung erkennen moderne Kameras die aktuell benutzte Brennweite und Lichtstärke eines Objektivs sowie unterschiedliche Motivsituationen und optimieren die Programmkennlinie entsprechend; je nach vermuteter Situation werden schnelle Zeiten (Bewegungsschärfe) oder kleine Blenden (Schärfentiefe) bevorzugt. In der folgenden Grafik ist sehr gut zu erkennen, dass abhängig von der Brennweite ganz andere Prioritäten gesetzt werden:

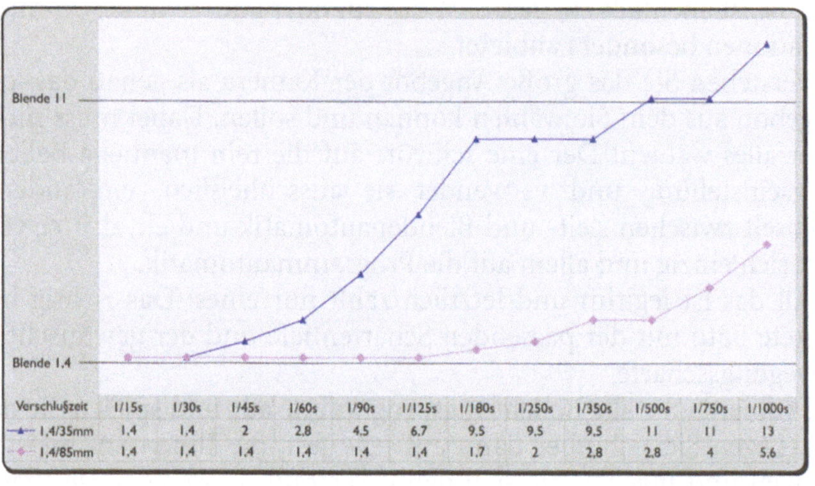

Verschlußzeit	1/15s	1/30s	1/45s	1/60s	1/90s	1/125s	1/180s	1/250s	1/350s	1/500s	1/750s	1/1000s
1,4/35mm	1,4	1,4	2	2,8	4,5	6,7	9,5	9,5	9,5	11	11	13
1,4/85mm	1,4	1,4	1,4	1,4	1,4	1,4	1,7	2	2,8	2,8	4	5,6

Programmkennlinie zweier Objektive: 1,4/35 mm und 1,4/85 mm.

Dabei wird zunächst so lange bei Offenblende belichtet, bis die verwacklungskritische Verschlusszeit 1/Brennweite erreicht ist (+/– 0,5 Zeitstufen Differenz sind möglich). Dann werden Blende und Verschlusszeit verstellt. Bedarfsweise wird ein eingebauter Blitz zugeschaltet.

Das klappt auch meist ganz gut. Besondere Wünsche (große oder geringe Schärfentiefe, schnelle oder langsame Verschlusszeit) sind aber nicht so leicht zu realisieren.

2.2.2 Programmshift

Hier hilft der Programmshift weiter, den einige Kameras bieten. Ist das bei Ihrem Modell der Fall, sollten Sie unbedingt einmal damit spielen und sich die Funktion verinnerlichen. Normalerweise ist nichts weiter zu tun, als nach erfolgter Belichtungsmessung (Auslöser leicht gedrückt) am Einstellrad zu drehen: Die Werte verändern sich; Blende und Verschlusszeit werden korrespondierend so verstellt, dass die Belichtung gleich bleibt, aber schnell andere Prioritäten gesetzt werden können.

So können Sie die von der Programmautomatik vorgegebene Tendenz mit einem Dreh an Ihre Wünsche anpassen: Etwa eine schnellere Verschlusszeit anzuwählen, weil ein Sportmotiv fotografiert werden soll. Oder eine kleinere Blendenöffnung einzusteuern, um eine möglichst große Schärfentiefe zu erhalten. Da der jeweils andere Wert mitgeführt wird, ändert sich an die Belichtung (= Bildhelligkeit) nicht, wohl aber die Bildwirkung.

Der Programmshift beeinflusst damit die Bildwirkung (Schärfentiefe, Bewegungsschärfe) – er wirkt sich aber nicht auf die Belichtung respektive die Bildhelligkeit aus! Belichtungskorrekturen müssen anders eingegeben werden – siehe Abschnitt 2.3.

2.2.3 Motivprogramme

Eine ganz hervorragende Kombination aus Programmautomatik und fotografischen Intentionen sind die so genannten „Motivprogramme", wie sie manche Kameras bieten. Auch das sind Programmautomatiken, aber hier kann der Fotograf im Vorfeld einstellen, welche Motive er fotografieren möchte und entsprechend setzt die Kameraautomatik von vornherein bestimmte Prioritäten. 

Das klingt zunächst einmal nicht allzu aufregend, doch weit gefehlt: Motivprogramme können viel gezielter auf besondere Situationen eingehen als das Standardprogramm. Sie sind – da sie anschaulich sein sollen – beispielsweise mit „Porträt" benannt und das Kamerasymbol zeigt einen stilisierten Mädchenkopf.

Doch mit diesem Programm lässt sich viel mehr machen als nur Porträts, wählt es doch eine möglichst große Blendenöffnung, um die Schärfentiefe möglichst gering zu halten. Es ist deshalb immer dann interessant, wenn ein Motiv vor dem Hintergrund „freigestellt" werden soll; wenn das Motiv scharf, der Rest möglichst unscharf sein soll.

Dass Motivprogramme so dumm nicht sind und auch dem gestandenen Fotografen in vielen Situation hilfreich zur Seite stehen können, ging dem Autor dieser Zeilen in dem Moment auf, als ein befreundeter Berufsfotograf, der hauptsächlich am Wasser und da wieder schnelle Motorboote fotografiert, bedauerte, dass seine Kamera keine Verschlusszeitenpriorität zulasse – will heißen, immer richtige Belichtung, aber auch immer die schnellstmögliche Verschlusszeit.

Das Sportprogramm ist nicht nur bei Fußballspielen interessant.

Genau dafür ist das Sportprogramm ideal, das für bewegte Motive gedacht ist und folgerichtig schnelle Verschlusszeiten bevorzugt. Lassen Sie sich auch hier von dem Begriff „Sportprogramm" nicht zu sehr einschränken oder in die Irre führen: Es ist ein Programm, das sich in all den Fällen anbietet, wo etwas passiert. Kleine Kinder beispielsweise können ganz schön quirlig sein – auch hier ist es sehr gut nutzbar.

Das Landschaftsprogramm bevorzugt besonders kleine Blendenöffnungen, der Schärfentiefe wegen. Sobald die Verschlusszeit verwacklungssicher geworden ist (das ist der Kehrwert der Brennweite = 1/Brennweite als Verschlusszeit), wird erst einmal die Blende geschlossen. Um die Tendenz des Programms – kleine Blenden und damit große Schärfentiefe – noch zu unterstützen, können Sie Weitwinkelobjektive ansetzen.

Das Nahaufnahmeprogramm bevorzugt kleinere Blendenöffnungen, so weit das möglich ist. Die Schärfentiefe nimmt nämlich im Nahbereich rapide ab. Diese Art der Fotografie sollte jeder einmal probieren – und es wird leicht gemacht, da ja fast alle Zooms eine Makroeinstellung haben.

Eine Sonderform des Porträtprogramms ist das Nachtporträt-Programm, das eine harmonische Mischung aus Blitz- und Dauerlicht einstellt. In diesem Programm arbeitet die Kamera nicht wie beim normalen Blitzeinsatz mit der kürzesten Synchronzeit, sondern es können auch längere Verschlusszeiten eingestellt werden (siehe auch *4.3.5 Langzeitsynchronisation*).

Damit wird erreicht, dass nicht nur der Blitz die Beleuchtung der Szenerie, vor allem des Vordergrundes, übernimmt, sondern dass auch das Dauerlicht eine Chance hat, das restliche Motiv zu zeigen. Da hierbei schnell verwacklungskritische Verschlusszeiten erreicht werden, empfiehlt sich der Einsatz eines Stativs dann, wenn auch der Hintergrund scharf abgebildet werden soll.

2.2.4 Zeitautomatik

Die Zeitautomatik heißt so, weil die Verschlusszeit automatisch gesteuert wird, während der Fotograf die Blende manuell einstellt (vorwählt).

Diese Belichtungsautomatik ist für all die Motivbereiche sehr gut geeignet, wo die Blende und damit die Schärfentiefe vorgegeben werden soll.

2.2.5 Blendenautomatik

Bei der Blendenautomatik gibt der Fotograf die Verschlusszeit vor und die Kamera steuert die dazu passende Blende automatisch.

Diese Belichtungsautomatik ist für Motivbereiche sehr gut geeignet, wo die Verschlusszeit und damit die Bewegungsschärfe vorgegeben werden soll.

2.2.6 Manuelle Belichtungseinstellung

Die manuelle Belichtungseinstellung ist zwar vergleichsweise umständlich, dennoch gibt es Situationen, wo sie äußerst hilfreich sein kann. Dazu gehört zum Beispiel die Arbeit mit dem Studioblitz: Die

Verschlusszeit wird auf die Synchronzeit eingestellt und die per Blitzbelichtungsmesser ermittelte Blende manuell an der Kamera eingestellt.

Da der Fotograf Blende und Verschlusszeit immer selbst einstellt, weiß er auch immer genau, welche Werte gerade aktuell sind – und hat damit die volle Kontrolle über das Bildergebnis. Es gibt deshalb einige Fotografen, die ausschließlich die manuelle Belichtungseinstellung benutzen.

Manche digitale Kameras vertrauen beim Belichtungsabgleich – der Einstellung der richtigen Belichtung anhand von Indikatoren – allein auf den Monitor; durch Einstellen von Blende und Verschlusszeit und visuelle Einschätzung des Monitorbildes wird die richtige Belichtung gewählt. Damit das klappt, ist die richtige Einstellung des Monitors wichtig – siehe *1.9 Monitor*.

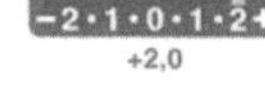

Exakter und anschaulicher allerdings erfolgt der manuelle Belichtungsabgleich bei Kameras, die eine so genannte Nachführmessung (= Belichtungsabgleich auf Nullstellung) bieten: im Kamerasucher werden Verschlusszeit und/oder Blende anhand einer Skala auf Null abgeglichen. Mit einiger Übung geht das überraschend fix.

Und weil der Belichtungsindikator nicht nur die Nullstellung anzeigt, sondern auch Über- wie Unterbelichtungen im Bereich von typischerweise +/–3 Stufen auf halbe oder gar drittel Blenden genau anzeigt, ist diese Methode für gezielte Belichtungskorrekturen sogar die schnellste und genaueste.

2.3 Belichtungseingriffe

2.3.1 Belichtungskorrektur

Mit einer Belichtungskorrektur wird der Belichtungsmesser gewissermaßen überstimmt: Sie legt fest, dass der gemessene Belichtungswert auf jeden Fall um einen bestimmten Betrag korrigiert werden soll. Erfolgt die Korrektur in Richtung Minus, so bedeutet das weniger Lichtmenge; es wird knapper belichtet. Umgekehrt wird er bei einer Einstellung in Richtung Plus reichlicher belichtet.

In der normalen Aufnahmepraxis wird die Belichtungskorrektur kaum zum Einsatz kommen. Um einzelne Motiven gezielt anders zu belichten, gibt es bessere Möglichkeiten: siehe *2.2.6 Manuelle Belichtungseinstellung* und *2.3.2 Ersatzmessung.*

Fallen aber die Ergebnisse grundsätzlich zu hell oder zu dunkel aus, dann ist es sehr sinnvoll, ganz generell eine Belichtungskorrektur vorzugeben. Siehe *1.10.4 Belichtungskorrektur.*

2.3.2 Ersatzmessung

Die Ersatzmessung ist eine wirklich praktische und schnelle Möglichkeit der Belichtungsvariation und dem entsprechend setzt sie der Praktiker gern und oft ein.

Das Prinzip ist wie folgt: Stellt man fest, dass das Belichtungsergebnis nicht den Vorstellungen entspricht, so richtet man die Kamera einfach auf ein Ersatzmotiv aus, das erfahrungsgemäß besser geeignet ist und speichert mit Hilfe des Messwertspeichers diesen Messwert. Anschließend wird wieder das ursprüngliche Motiv anvisiert und das Foto gemacht.

Hat man sich einmal mit dieser Methode ein wenig vertraut gemacht, dann geht das überraschend schnell und gezielt. Und ist den anderen Eingriffen wie der Belichtungskorrektur deutlich überlegen, denn die sind viel langwieriger und umständlicher einzustellen.

Als Ersatzmotiv für ausgewogene Messungen eignen sich unter anderem Haut, Strasse, Laubgrün und grüne Wiese sehr gut, denn sie entsprechen ziemlich genau jenem mittleren Grau, auf das der Belichtungsmesser geeicht ist.

2.3.3 Kontrastmessung

Mit einer Kontrastmessung kann festgestellt werden, ob alle bildwichtigen Details Zeichnung erhalten. Dazu werden der hellste und dunkelste bildwichtige Punkt des Motivs mit einer (Spot-) Messung anvisiert, um Aufschluss über den Kontrastumfang in Blendenstufen zu erhalten. Typischerweise kann von einem Belichtungsspielraum von 5–6 Blendenstufen ausgegangen werden, der auf Papier darstellbar ist. Das entspricht einem Kontrastumfang von 1:32 bis 1:64.

Liegt der Kontrast höher, dann muss die Belichtung so bestimmt werden, dass motivabhängig die Lichter oder die Schatten bevorzugt werden.

Wenn der Motivkontrast höher ist als der Belichtungsspielraum, muss der Fotograf Prioritäten setzen.

Ein Beispiel (eingestellt ist Zeitautomatik, so kann die Differenz direkt in Zeitstufen abgelesen werden):

Messung auf die bildwichtigen Lichter: Blende 2,8 – 1/1000 s.
Messung auf die bildwichtigen Schatten: Blende 2,8 – 1/60 s.

Der Kontrastumfang beträgt mithin vier Stufen beziehungsweise liegt bei 1:16 und ist damit auch im Druck sehr gut darstellbar.

Ergibt so eine Messung aber einen Kontrastumfang von mehr als 6 Blendenstufen, dann sollte die Belichtung in jedem Fall noch einmal überprüft und angepasst werden, damit die – neu zu bestimmenden - bildwichtigen Teile auch zeichnen.

Einfachstes Vorgehen: Man legt sich fest, ob die Lichter oder die Schatten am wichtigsten sind, misst dieses Detail an und korrigiert den Belichtungswert:

Messung auf die Schatten: Messwert +2,5 Stufen
Messung auf die Lichter: Messwert –2,5 Stufen

Auf diese Weise fällt zwar der nicht berücksichtigte Bereich – Lichter oder Schatten – komplett aus den Überlegungen. Doch die Kontrastmessung hat ja sowieso gezeigt, dass es nicht möglich ist, das gesamte Motiv zeichnend abzubilden. Bestimmte Bildbereiche werden also sowieso „ausfressen" oder „zulaufen".

Durch Festlegung auf einen Bereich und je nachdem dann Anhebung oder Absenkung der Belichtung um +/– 2,5 Stufen ist aber dafür gesorgt, dass der für bevorzugte Bereich sowie die wichtigen Mitteltöne zeichnen.

Eine Falle gibt es dabei: Bei sehr hohen Kontrastumfängen von 8 Blendenstufen und mehr mag dieses Vorgehen nicht ausreichen, dass auch die Mitteltöne zeichnen. In dem Fall hilft dann nur eines: Auf die Mitten belichten und Lichter wie Schatten ausfressen und zulaufen lassen.

2.3.4 Belichtungsreihe

Belichtungsreihen sind dann interessant, wenn die Fotos direkt gedruckt werden sollen und dazu aus einer Reihe das beste ausgesucht werden soll.

In allen anderen Fällen aber gibt es nur eine Belichtung: die richtige mit maximaler Zeichnung. Heller oder dunkler, das ist dann ein Klacks in der Bildbearbeitung.

Kapitel 3

Praxis der digitalen Fotografie

3.1 Vorzüge

Digitale Kameras bieten einen sehr hohen Spaßfaktor (schon das sofort sichtbare farbige Foto auf dem Display ist ein Erlebnis für sich) und glänzen mit direkter Computeranbindung: Das mit der digitalen Kamera aufgenommene Foto kann problemlos in den mit der Textverarbeitung erstellten Reisebericht eingebunden werden und die Diaschau auf dem Monitor ist ebenso möglich wie das nahezu beliebige Bearbeiten und Verfremden des Bildes mit abschließender fotorealistischer Ausgabe auf dem heimischen Farbdrucker.

Wer selbst in der Dunkelkammer steht oder einmal gestanden hat, weiß um das ganz eigentümliche Schöpfergefühl, das einen jedes Mal überkommt, wenn sich ein Schwarzweißbild langsam in der Entwicklungsschale aufbaut. Genau dieses Gefühl des Schöpferischen vermittelt einem auch die digitale Fotografie auf ganz unmittelbare Weise, wenn sofort nach der Aufnahme das Foto auf dem farbigen LCD-Monitor betrachtet werden kann oder wenn das Bild in den Computer übertragen wird und sich dort eindrucksvoll auf dem großen Monitor aufbaut.

Unmittelbare Bildkontrolle auf dem Monitor.

Digitale Fotografie ist der Spontaneität der Bilder ganz besonders zuträglich: Fotos werden nicht nur spontan gemacht, sondern die Ergebnisse sind augenblicklich verfügbar und eine misslungene Aufnahme wird sofort erkannt und kann wiederholt werden.

Für den ambitionierten Fotografen ist das schnell verfügbare Foto eine ausgezeichnete Schule des Sehens, da der Vergleich zwischen Original und Bild unmittelbar erfolgt. So werden die Unterschiede in der Sehweise von Kamera und Auge offenbar und prägen sich deutlicher ein, als das später der Fall wäre.

Daneben lassen sich natürlich noch weitere Argumente für die digitale Fotografie ins Feld führen, die je nach den persönlichen Anforderungen unterschiedlich wichtig sind:

Zeit: Nur etwa fünf bis rund 20 Minuten (je nach System) vergehen von der Aufnahme bis zum druckfertigen Bild. Auf konventionellem Wege dauerte es mindestens zwei Stunden, in der Praxis oft mehrere Tage.

Materialien: Kosten für Probeaufnahmen mit Sofortbildern, für Testbelichtungen und die eigentliche Aufnahme auf Film entfallen, Fotochemikalien für die Filmentwicklung (und deren Entsorgung) sind nicht notwendig.

Labor: Die Investitionen in eine herkömmliche Dunkelkammer können entfallen; allerdings fallen stetig Kosten für Computersystem, Drucker und Druckmedien an.

Sofortkontrolle: Die Qualität einer Aufnahme kann sofort kontrolliert und korrigiert werden. Gegebenenfalls kann die Aufnahme innerhalb weniger Sekunden wiederholt werden.

Verfügbarkeit: Im Gegensatz zur konventionellen Technik kann eine gelungene Aufnahme beliebig oft reproduziert und weitergegeben werden, da sie in digitaler Form vorliegt. Durch die Möglichkeit der digitalen (verlustfreien) Kopie sieht sich der Fotograf zudem in der Lage, beliebig viele „Originale" mit oder ohne Manipulationen zu versenden, ohne das tatsächliche Original angreifen oder aus der Hand geben zu müssen. Zudem sind von den digitalen Daten auch über lange Zeit hinweg nahezu identische Abzüge möglich.

Kosten: All diese Punkte zusammengenommen führen bei vielen Aufnahmen dahin, dass eine digitale Produktion von Fotos kostengünstiger erfolgen kann als die konventionelle.

3.2 Anmerkungen

Die „digitale" Fotografie gibt es, kein Zweifel. Die Frage ist allerdings, wie lange es sie noch geben wird. Als Technik erobert sie gerade die Hütten, doch als Begriff wird sie bald verschwinden: Dann ist wie früher wieder schlicht und ergreifend von „Fotografie" und sonst nichts die Rede.

Noch ist das digitale Fotografieren nicht völlig selbstverständlich und bedarf deshalb der Charakterisierung, der Unterscheidung. Das wird bald nicht mehr nötig sein.

Denn auch die digitale Fotografie folgt im Wesentlichen denselben Gesetzmäßigkeiten, wie sie auch aus der konventionellen Fotografie bekannt sind. Für bestmögliche Ergebnisse sind nur einige wenige Punkte zu beachten, in der sich die digitale Fotografie von der konventionellen unterscheidet:

- Die Schärfe eines Bildwandlers stellt sich etwas anders dar, als die eines konventionellen Filmes. Der Bereich zwischen scharf und unscharf tritt deutlicher zu Tage, so dass besonders bei reprografischen Aufnahmen (plane Vorlagen) ein besonderes Augenmerk auf genaueste Scharfstellungen zu legen ist. 
- Bei dreidimensionalen Objekten hingegen ist die Scharfstellung nicht ganz so kritisch, da natürlich auch bei einem Bildwandlers der Effekt der Schärfentiefe durch Abblenden wirksam wird.
- Der einzelne Sensor ist so hochauflösend, dass zu den bestmöglichen Objektiven gegriffen werden sollte; idealer Weise ist das Objektiv eigens für die Digitalfotografie konstruiert. Das trifft auf digitale Kameras mit fest montiertem Objektiv immer zu, wobei es allerdings auch hier sehr wohl (große) qualitative Unterschiede gibt. Bei Kameras mit Wechselobjektiven sollten Sie sich an die Objektivempfehlungen des Herstellers halten. Für die engagierte Fotografie im Nahbereich (Abbildungsmaßstäbe ab 1:10) sind spezielle Makroobjektive anzuraten.
- Ein CCD verhält sich hinsichtlich der Belichtung in etwa so, wie Sie das von einem Diafilm gewohnt sind. Der „Belichtungsspielraum" ist nicht sehr groß und die exakte Belichtung ist für ein gutes Ergebnis sehr wichtig.

3.3 Aufnahmevorbereitungen

3.3.1 Energieversorgung

Der erste Blick gilt der Batterieanzeige der Kamera, der zweite den Ersatzakkus:

- Sind die Energiezellen in der Kamera voll?
- Müssen Akkus und Ersatzakkus frisch geladen werden?
- Wie viele Aufnahmen werde ich heute wohl machen, wie viel Energie brauchen?
- Wie viel Ersatzakkus soll ich laden und mitnehmen?

Akkus sind die wesentlichen Elemente für das Funktionieren Ihrer Ausrüstung. Ohne geladene Akkus nutzen die schönste Kamera und das beste Blitzgerät wenig. Mindestens ein Satz Ersatzakkus gehört deshalb zu jeder Kamera, sichert man damit doch die unterbrechungsfreie Aufnahmebereitschaft.

Energieversorgung ist wichtig – hier ein Handgriff für Zusatzakkus. Foto: Minolta

3.3.2 Speichermedien

Neben der Energieversorgung ist ausreichender Bildspeicher in Form von Speicherkarten das Wichtigste für den unterbrechungsfreien Einsatz der digitalen Kamera. Vor der Fototour ist Folgendes zu klären:

- Sind die wichtigen Bilder bereits überspielt und gesichert?
- Sind alle Speicherkarten gelöscht und für neue Aufnahmen bereit?
- Reicht die Kapazität für die voraussichtliche Anzahl Fotos?

Hinsichtlich der notwendigen Speicherkarten werden die Erfahrungswerte der konventionellen Fotografie einfach übernommen: Wer bislang beispielsweise einen Film 135-36 pro Tag belichtet hat, der braucht für eine 14-tägige Reise Speicherkarten, die für 500 Aufnahmen ausreichen. Eine großzügige Zugabe ist anzuraten, denn digital fotografiert es sich erfahrungsgemäß unbeschwerter.

Wird es hinsichtlich der möglichen Aufnahmeanzahl doch etwas knapp, dann gibt es zwei Möglichkeiten:

- Entweder, Sie kaufen ein oder mehrere Speicherkarten zu. Das ist in jedem Fall die bessere Lösung.
- Oder aber, Sie setzen die Bildauflösung und/oder die Komprimierungsstufe herunter, damit mehr Fotos auf eine Karte passen.

Bedenken Sie: Ein hoch aufgelöstes Foto mit hoher Komprimierung ergibt bessere Fotos als eine niedrige Bildauflösung mit geringer Komprimierung. (Die Dateigröße und damit der Speicherbedarf ist in beiden Fällen etwa gleich.)

3.3.3 Kamera-Setup

Im ersten Kapitel wurden die grundlegenden Einstellungen der Kamera bereits ausführlich erläutert. Diese Grundeinstellungen werden vor jeder Fototour noch einmal überprüft und für die zu erwartenden Anforderungen gegebenenfalls neu beziehungsweise anders eingestellt.

So könnte heute beispielsweise der Autofokus anders eingestellt werden müssen, oder auch der Weißabgleich.

3.4.4 Belichtungsmessung

Gleiches gilt für die Belichtungsmesscharakteristik (Spot, Integral, Mehrfeld) und das Belichtungsprogramm (Programm-, Zeit-, Blendenautomatik). Abhängig von den Motiven wird man hier jeweils anders wählen. Hinweise dazu in Kapitel 2.

3.3.5 Nützliches für die Kameratasche

In die Kameratasche gehören Kamera, Speicherkarten, Akkus. Das ist soweit klar. Doch es gibt noch weitere nützliche Kleinigkeiten, die der ein oder andere für unverzichtbar findet. Hier eine Aufstellung all der Dinge, die auf einer Kameratour hilfreich sein können:

- Kamera, bequem greifbar.
- Wechselobjektive bzw. Vorsatzkonverter.
- Ausreichend frisch geladene Akkus.
- Genügend Speicherkarten für den Tagesausflug oder den Urlaub.
- Ministativ.
- Externes Blitzgerät.
- Kleinzubehör wie Filter.
- Reinigungsset aus Pneupinsel, Mikrofasertuch (für die Linsen) und fusselfreiem Tuch (für die Geräte).

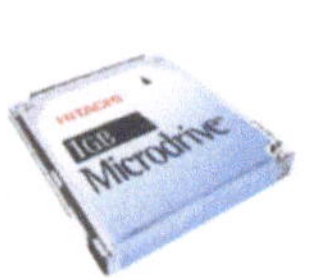

- Bedienungsanleitung.
- Kleine Taschenlampe samt Batterien. Alternativ rote LED-Leuchte; die ist sehr hell, die Batterie hält sehr lange. Und nachts geht bei rotem Licht die Dunkeladaption des Auges nicht verloren.
- Schweizer Messer.
- Werkzeugtool.
- Notizblock und Bleistift oder PDA – der PDA kann auch die Bedienungsanleitung (PDF-Format) und Reisenotizen speichern.

- Wasserfester Schreiber.
- Wasserwaage für Sucherschuh.
- Rettungsdecke gold-silber – eignet sich hervorragend als Blitzaufheller; -reflektor (und als Rettungsdecke).
- Stabile Müllsäcke; bei Regengüssen, Kanufahrten etc. besser als nichts.
- Ein paar Plastiktüten. Die sind nicht nur praktisch zum Transportieren und (wasserdichten) Verstauen diverser Utensilien, sondern können – mit Sand, Reis oder Vergleichbarem gefüllt – auch noch als „Bohnensack", als Auflagestativ, dienlich sein.

- Ein Not-Regencape.
- Wasserflasche.
- Pflaster.

Auf Reisen und im Urlaub zusätzlich:

- Ladegerät, das weltweit funktioniert, dazu der passende Steckeradapter. Eventuell zusätzlich ein Ladegerät mit 12-V-Anschluss (Zigarettenanzünder).
- Videokabel, damit die Bilder im Hotel am TV begutachtet und gezeigt werden können.
- SCART-Adapter für neuere Fernsehgeräte, die meist keinen Cinch-Eingang mehr haben.

3.3.6 Kameratasche packen

Beim Verstauen der Ausrüstung in der Kameratasche gibt es ein paar Überlegungen, die das Ergebnis effektiver machen können. Das Einrichten bedarf eines meditativen Moments, wenn Zeit und Ruhe ist, sich Organisation und Aufteilung genau zu überlegen.

Zunächst lege ich mir alle Teile zurecht, die in die Tasche sollen. Daneben steht die Tasche, sämtlicher Facheinteilungen beraubt. Zuerst sucht die Kamera als wichtigstes Ausrüstungsteil ihren Platz: leicht zu greifen und doch sicher untergebracht.

Dann werden die restlichen großen Ausrüstungsteile provisorisch verstaut. So kann ich schnell und einfach die beste Lage für die einzelnen Teile festlegen. Dabei versuche ich, folgende Dinge zu berücksichtigen:

- Häufig genutzte Teile (Kamera, Blitzgerät) sollen auch bei umgehängter Tasche schnell und sicher zu greifen sein.
- Schwere Teile kommen bevorzugt an die dem Körper zugewandte Seite, dann trägt sich die Tasche später besser.

Erst dann befestige ich die Zwischenwände dass sie die Ausrüstung so fixieren, wie es sich als optimal erwiesen hat. Abschließend wird das ganze restliche Zubehör wie Filter, Fernauslöser, Speicherkarten, … möglichst sinnvoll verstaut.

Diese einmalige Mühe lohnt sich, weil eine Tasche zwei Anforderungen erfüllen soll und muss: Zuvorderst natürlich soll die Ausrüstung absolut sicher verwahrt sein. Zum anderen aber muss das Fotografieren schnell und bequem möglich sein; das Entnehmen der Kamera etwa soll auch bei umgehängter Tasche schnell und mit einer Hand möglich sein.

3.4 Fotos gestalten

Trotz der (mehr oder weniger) genauen Übereinstimmung zwischen Sucher- und Aufnahmebild darf der Fotograf keinesfalls dem Trugschluss verfallen, das vom Auge gesehene Bild sei auch das Foto der Kamera. Nicht umsonst hat sich der Begriff „Bildsprache" entwickelt, in dem ausgedrückt ist, dass das Bilder machen eben eine eigene Sprache ist.

Unser Auge ist kein autonomes System wie die Kamera, das für sich existiert. Augen- und Pupillenbewegung, Wahrnehmung, Farb- und andere Sinneseindrücke, all das wird von unserem Gehirn gesteuert und interpretiert. Augenfälliges Beispiel ist, dass wir dreidimensional sehen, während ein Foto immer zweidimensional sein wird. Das bedeutet, dass beispielsweise Raum und Tiefe nur über verständliche Gestaltungselemente (Vorder-, Hintergrund, Perspektive) in einem Foto ausgedrückt werden kann; es genügt nicht, dass wir sie sehen.

Insbesondere aber wandert das Auge ständig von der Tele- zur Weitwinkelsicht, passt sich unterschiedlichen Lichtfarben und Kontrasten hervorragend an, sucht sich aus einer Vielzahl an Eindrükken das heraus, was es sehen möchte und ignoriert einfach den Rest.

Vielleicht haben Sie selbst schon einmal die Erfahrung gemacht, dass ein Motiv, das doch so groß und deutlich im Sucher zu sehen war, auf dem Foto plötzlich ganz klein und mickrig erscheint. Das Auge hat sich auf das Wesentliche konzentriert – auch durch den Kamerasucher –, und das Umfeld völlig außer Acht gelassen.

Halten Sie die Kamera ruhig und beobachten Sie genau den Bildausschnitt, den Sie im Sucher respektive auf dem Monitor sehen. Bei Sucherkameras wird dieser durch einen Leuchtrahmen angezeigt. Machen Sie nicht den Fehler, sich auf die gesamte Sucheranzeige zu konzentrieren, sondern beobachten Sie genau, was sich noch im Sucherrahmen befindet. Konzentrieren Sie sich bei der Aufnahme und halten Sie den Abstand zum Motiv so, dass auch alles Wichtige innerhalb des Sucherrahmens erscheint – und dort ausreichend groß zu erkennen ist.

Beachten Sie auch den Unterschied bezüglich der automatischen Scharfstellung: Bei einer Spiegelreflexkamera und auf einem LCD-

Monitor erkennen Sie immer genau, worauf der Autofokus scharf stellt. Im optischen Sucher dagegen können Sie nicht erkennen, worauf scharf gestellt wird.

Im obigen Bildbeispiel wird deutlich, wie wichtig die Bildgestaltung – das (gekonnte) Plazieren der Bildelemente in der Fläche – für die Bildwirkung ist. Schon die unterschiedliche Höhenpositionierung der Vogelscheuche zeigt eine ganz andere Bildwirkung.

3.4.1 Der Goldene Schnitt

Die Komposition nach dem „Goldenen Schnitt" – früher wie heute gerne in der Malerei benutzt – verheißt eine besonders harmonische Aufteilung der Bildelemente. Nach der Regel des Goldenen Schnitts wird eine Linie so geteilt, dass sich der kleinere Teilabschnitt zum Größeren so verhält wie der Größere zur Gesamtstrecke.

Einfacher formuliert: Die Gesamtstrecke wird durch 1,6 geteilt, um den größeren Teilabschnitt zu bestimmen. Der Kleinere ergibt sich dann von selbst. (Diese Rechnung ist nicht völlig exakt, aber hinreichend genau.)

Ist das Aufnahmeformat bekannt, 24 x 36 mm beispielsweise, dann ergeben sich die Schnittpunkte und Teilstrecken wie folgt:

36 mm; Teilstrecken 36 mm – 22,5 mm – 13,5 mm
24 mm; Teilstrecken 24 mm – 15 mm – 9 mm

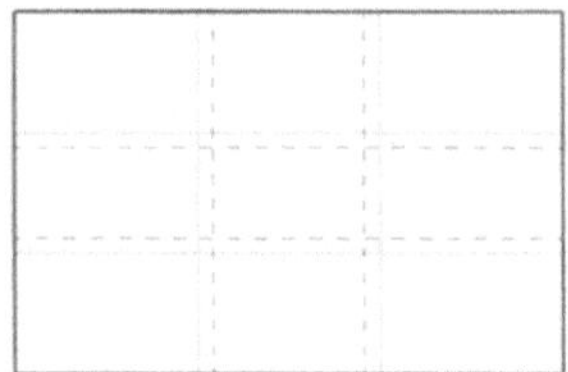

Die gestrichelten Linien in der Grafik stellen den Goldenen Schnitt für ein lang gestrecktes Rechteck mit dem Seitenverhältnis 2:3 dar, wie es auch einige Digitalkameras aufweisen. Die grauen Linien repräsentieren die vereinfachte symmetrische Einteilung in neun Teile, die dem Goldenen Schnitt recht nahe kommt. Diese Neunerteilung muss gar nicht markiert sein – sie lässt sich auch gedanklich recht leicht nachvollziehen; der Sucher wird „im Geist" neungeteilt.

Bei Digitalkameras ist das Aufnahmeformat (will heißen, die Abmessungen der lichtempfindlichen Fläche) nur selten geläufig. Hier hilft die Auflösung weiter. Beispielsweise ergibt sich bei Kameras mit folgenden Auflösungen ein X- zu Y-Pixel Verhältnis von 2:3:

1024 x 1536 Bildpunkte
1200 x 1800 Bildpunkte

Hier können Sie das obige Hilfskonstrukt der gedanklichen Neunerteilung benutzen, wie soeben geschildert. Die meisten digitalen Kameras besitzen aber ein X- und Y-Pixel Verhältnis von 3:4:

1280 x 960 Bildpunkte
1600 x 1200 Bildpunkte
1536 x 1920 Bildpunkte
2048 x 2560 Bildpunkte

Um den Goldenen Schnitt zu bestimmen, kann mithin die eine Seite mit „4" gleichgesetzt werden, die andere mit „3", und die Seitenaufteilung ist wie folgt:

4; Teilstrecken 4 – 2,5 – 1,5
3; Teilstrecken 3 – 1,875 – 1,125

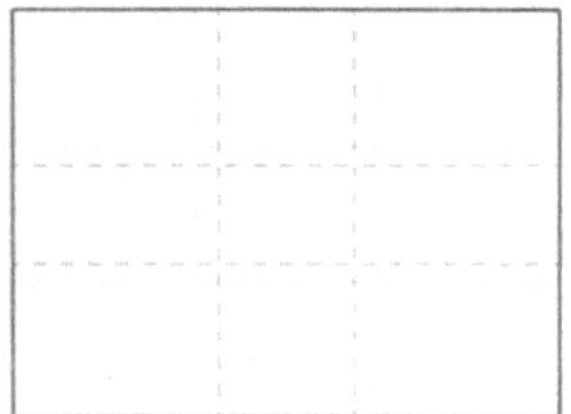

Das ist die Theorie, und die ist schon mal richtig, aber um sie in die Praxis zu übertragen, sollte das Ganze ein wenig begreifbarer und anschaulicher werden. Der Sucher oder der Monitor wird dazu nach obigem Verhältnis aufgeteilt. Die Grafik linker Hand zeigt, wie sich der Goldene Schnitt im Sucher und auf dem Monitor darstellt:

Die gestrichelten Linien markieren den „Goldenen Schnitt" und die grauen Linien repräsentieren auch hier wieder die vereinfachte symmetrische Einteilung in neun Teile, die diesmal aber dem Goldenen Schnitt nicht mehr so nahe kommt.

Es ist deshalb angeraten, sich weniger auf das gedankliche Konstrukt der Neunerteilung zu verlassen, als vielmehr kleine Merkhilfen am Monitorrand aufzukleben.

Wie auch immer, ob gedanklich oder per Marker, Sie haben sich jetzt auf jeden Fall schon einmal gründlich mit dem Aufnahmeformat und dessen Seitenverhältnissen auseinander gesetzt und dabei gesehen, dass die Position der Bildschwerpunkte im besonderen Maß von den Proportionen des Aufnahmeformats abhängig ist.

Als Faustregel gilt dabei: Die bildwichtigen, führenden Linien werden auf das Gitternetz gelegt und im mittleren Feld sollte sich nichts Bildwichtiges befinden. Natürlich kann man die Regeln gelegentlich auf den Kopf stellen, aber bitte nicht zur Gewohnheit werden lassen.

3.5 Gestalten mit der Brennweite

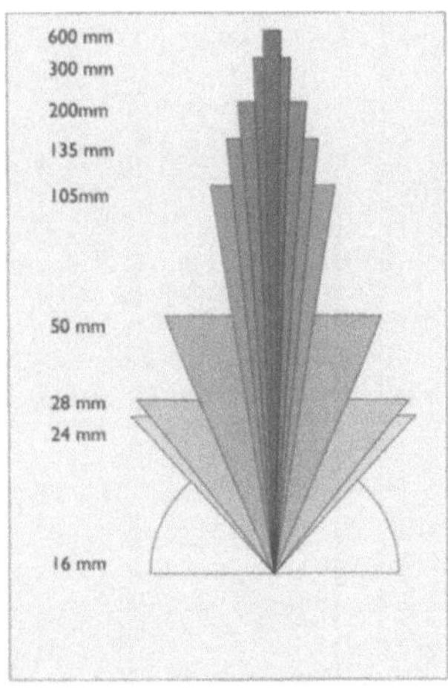

Durch Wahl einer anderen Brennweite – das bedeutet oft: Verstellen des Zoomobjektivs – kann ein Motiv größer oder kleiner abgebildet werden. Dasselbe geht auch durch Standpunktverlagerung. Im Ergebnis unterscheiden sich die beiden Varianten:

Bleiben Sie bei einer Aufnahme auf demselben Fleck stehen und verändern die Brennweite, dann ändert sich die Perspektive nicht – die Telebrennweite erfasst lediglich einen kleineren Ausschnitt derselben Motivansicht.

Ändern Sie dagegen bewusst den Standpunkt der Kamera, dann ändert sich auch die Perspektive.

Ein Beispiel: Spielendes Kind. Wenn Sie frei sind in der Wahl des Aufnahmestandortes, haben Sie zwei Möglichkeiten:

1. Sie gehen nahe heran und die Kamera ist in Weitwinkelstellung. Neben dem Kind ist auch viel Hintergrund zu erkennen, es wird in seinem Umfeld gezeigt.
2. Sie gehen weiter weg und stellen auf Tele. Außer dem Kind ist jetzt nur noch ein – verschwommener – Hintergrund zu sehen. Das Motiv ist aus dem Zusammenhang gelöst und steht für sich allein – das Auge des Zuschauers wird dadurch auf das Wesentliche gelenkt und auch ein ungünstiger Hintergrund kann auf diese Weise in der Unschärfe verborgen werden.

Wohlgemerkt, in beiden Fällen ist es möglich, das Kind als Hauptmotiv gleich groß abzubilden! Verständlich wird dieses Phänomen – gleich großes Hauptmotiv bei anderem Hintergrundeindruck – durch die unterschiedlichen Bildwinkel der Brennweiten. Mit dem großen Bildwinkel der Weitwinkelstellung erfasst die Optik mehr vom Hintergrund als das mit dem engen Bildwinkel des Teles möglich ist.

Neben der Suche nach der besten Perspektive werden aber noch weitere Überlegungen die Wahl der Brennweite bestimmen. So ist ein größerer Aufnahmeabstand in diesem Beispiel schon deshalb meist vorteilhafter, weil das Kind sich unbeobachtet wähnt und unbefangener spielt, als wenn Sie mit der Kamera zu nahe kommen.

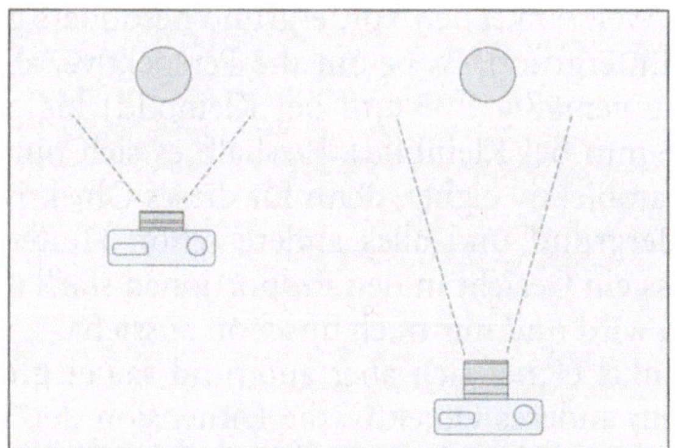

Zusammenfassend kann als Anhaltspunkt gelten, dass eine kurze Brennweite die Sicht der Dinge dramatisiert, während die lange Brennweite die ausgewogeneren Bilder ergibt. Das aber verstehen Sie bitte wirklich nur als Anhaltspunkt.

3.5.1 Weitwinkelbrennweite

Objektive kurzer Brennweite (respektive die entsprechende Brennweiteneinstellung eines Zoomobjektivs) werden als Superweitwinkel (14 mm bis 21 mm Brennweite bei Kleinbild) und Weitwinkel (24 mm bis 35 mm Brennweite bei Kleinbild) charakterisiert. Ein Freund von mir nennt sie, gar nicht so unrichtig, „Breitwinkel".

Weitwinkelaufnahme

So zeigt ein Weitwinkel den Vordergrund besonders groß im Verhältnis zum Hintergrund. Es betont die Perspektive, abhängig von der Brennweite gemäßigt (35 mm bei Kleinbild) bis ganz extrem (24 mm bis 16 mm bei Kleinbild). Weshalb es sich nun überhaupt nicht als Porträtobjektiv eignet, denn für dieses Objektiv ist die Nasenspitze Vordergrund und alles andere schon Hintergrund. Das führt dazu, dass ein Gesicht in den Proportionen stark überzeichnet wiedergegeben wird und nur noch unschön aussieht.

Das Weitwinkel eignet sich aber aufgrund seiner großen Schärfentiefe wie kein anderes Objektiv, die Dimension der Tiefe darzustellen – das Motiv wird von vorn bis hinten scharf.

Viele Kameras mit Festbrennweite haben eine leichtes Weitwinkel um 35 mm (im Vergleich zu Kleinbild) eingebaut.

3.5.2 Normalbrennweite

Der Begriff „Normalobjektiv" (50 mm bei Kleinbild) respektive Standardobjektiv, auch Normalbrennweite genannt, bezieht sich auf den Bildwinkel von rund 46° dieser Brennweite, die in etwa der Formatdiagonalen entspricht.

Betrachten wir eine Vergrößerung davon aus normalem Betrachtungsabstand (= Diagonale des Bildes), so erscheint uns der Eindruck dem natürlichen Augeneindruck vergleichbar, da sich Aufnahme- und Betrachtungswinkel entsprechen.

Aufnahme mit Normalbrennweite

„Normal" muss nun aber nicht langweilig heißen, denn der Verzicht auf mehr oder weniger spektakuläre Sichtweisen lenkt um so mehr auf das Motiv hin.

Kameras mit fest eingebautem Zoomobjektiv bieten einen Brennweitenbereich von Weitwinkel bis Tele, in dem immer auch die Normalbrennweite enthalten ist.

Das Normalobjektiv für (digitale) Spiegelreflexkameras mit Wechselobjektiven ist vergleichsweise preiswert, optisch sehr gut und zudem lichtstark, so dass so ein Objektiv immer eine Überlegung wert ist. Es birgt Reserven für die Available-Light-Fotografie, die Fotografie bei (wenig) verfügbarem Licht.

Die hohe Lichtstärke bietet weiter den Vorteil, dass diese Objektive bereits im Bereich ihrer optimalen Leistung liegen, wenn Zoomobjektive gerade mal die Anfangslichtstärke erreichen.

Zudem kann das helle Sucherbild für die ein oder andere Anwendung beim Einstellen von großem Vorteil sein (weil beim Spiegelreflexprinzip das Sucherbild über Spiegel und Prisma direkt das vom Objektiv entworfene Bild zeigt, wird es um so heller, je lichtstärker das Objektiv ist).

3.5.3 Telebrennweite

Das Teleobjektiv löst ein Motiv und stellt es vor einen relativ unscharfen Hintergrund. Mit wachsender Brennweite erscheint das Motiv zunehmend flacher, die räumliche Orientierung geht etwas verloren. Die Proportionen verflachen – je nach Brennweite leicht bis stark.

Ein leichtes Tele (um 85 mm bei Kleinbild) ist gerade deshalb das ideale Porträtobjektiv. Da die Proportionen nicht mehr so ausgeprägt wiedergegeben werden wie beim Weitwinkel, wirkt das Gesicht viel natürlicher. Zudem nimmt der Aufnahmeabstand bei gleicher Abbildungsgröße zu und das ist gerade bei der Fotografie von Menschen ein angenehmer Zusatzeffekt. Der Fotograf ist noch nah genug für die Kommunikation, aber schon weit genug entfernt, um dem Porträtierten im Wortsinne nicht zu nahe treten zu müssen.

Wird jedoch ein starkes Teleobjektiv für Porträts eingesetzt, dann schlägt der Effekt ins Negative um: Das Gesicht wirkt flach und konturlos.

Teleaufnahme

Die Bildwirkung der Teleaufnahme ist prinzipiell ruhiger als bei einem Weitwinkel (wobei sie natürlich auch stark vom abgebildeten Motiv abhängt).

3.5.4 Schärfentiefe

Neben der Perspektive respektive Bildwirkung beeinflusst die Brennweitenwahl auch die Schärfentiefe: Je kürzer die Brennweite, desto größer ist die Schärfentiefe – der Bereich im Bild also, der scharf erscheint. Und je größer der erfasste Bildausschnitt ist, desto größer ist auch die Schärfentiefe.

Auch die Blendeneinstellung der Kamera wirkt sich auf die Schärfentiefe aus. Die Kamera hat ja nicht nur die „Lichtstärke", also die größtmögliche Blende. Die Objektivöffnung kann verkleinert werden, um den Lichteinfall ganz bewusst zu begrenzen und so bei unterschiedlicher Helligkeit ein richtig belichtetes Bild zu erhalten. Das geschieht in der Regel automatisch. Je heller es ist, desto weiter schließt sich die Blende und desto größer wird die Schärfentiefe.

Verkleinert sich die Blendenöffnung, dann werden kleinere Unschärfekreise projiziert, weil der Strahlenkegel beschnitten wird: Die Schärfentiefe nimmt nach vorn und hinten, bezogen auf die Einstellentfernung, zu.

Das hat für die digitale Fotografie zum Teil ganz dramatische Auswirkungen. Zeigt sich doch in all den Fällen, wo die Brennweite kurz (weil der Bildsensor klein) ist, eine sehr große Schärfentiefe, die das von Kleinbild bekannte Maß deutlich übertrifft.

Kurze Brennweite und kleine Blendenöffnung = große Schärfentiefe.

Hier einige Beispielrechnungen für die Normalbrennweite unterschiedlicher Aufnahmeformate und die jeweilige Schärfentiefe bei Blende 5,6 und Entfernungseinstellung auf 3 m:

Nominalgröße	Formatdiagonale (= Normalbrennweite)	Schärfentiefe
1/3 Zoll	6,0 mm	8,38 m
2/3 Zoll	11,0 mm	4,57 m
4/3 Zoll	22,5 mm	2,22 m
Kleinbild	43,3 mm	1,15 m

Die Werte sind nach folgender vereinfachter Formel errechnet:

$$t_s = 2\,k\,u\,\frac{1+\beta'}{\beta'^2}$$

Wobei t_s = Schärfentiefe; u = Unschärfekreis (1/2000 der Formatdiagonalen); k = Blendenzahl; ß' = Abbildungsmaßstab.

Der Abbildungsmaßstab ß' errechnet sich nach folgender Formel:

$$\beta' = \frac{f}{(a - f)}$$

Die errechneten Werte gelten streng genommen nur für annähernd symmetrische Objektive mit einem Pupillenmaßstab von ca. 1 (Eintrittspupille = Austrittspupille). (Das trifft für die meisten Makroobjektive zu.) Sie geben aber auch für andere Objektive hinreichende Anhaltspunkte. Die Tendenz wird deutlich:

Mit kleiner werdendem Aufnahmeformat wird auch die Normalbrennweite immer kürzer. Das gilt dann natürlich auch für die Tele- und Weitwinkelbrennweiten. Will heißen, ein 24-mm-Objektiv wirkt im Kleinbildformat schon wie ein extremes Weitwinkel. Im Four Thirds System ist es gerade mal eine Normalbrennweite, was die Bildwirkung angeht.

Da die Schärfentiefe aber nicht vom Bildwinkel (= dem erfassten Bildausschnitt) abhängt, sondern nur von Aufnahmeentfernung, Brennweite und Blende, zeigt beispielsweise das Four Thirds System (bei etwa halb so großem Aufnahmeformat wie Kleinbild) bei sonst gleichen Voraussetzungen (gleicher Bildausschnitt und gleiche Blendeneinstellung) rund die doppelte Schärfentiefe einer Kleinbildaufnahme.

Noch kleinere Sensoren bedingen noch kürzere Brennweiten und zeigen noch größere Schärfentiefe, wie der Aufstellung auf Seite 71 unten entnommen werden kann.

Letztlich hat auch die Aufnahmeentfernung Einfluss auf die Schärfentiefe. Je größer sie ist, desto größer auch die Schärfentiefe. Im Fernbereich kann sie Kilometer betragen. Im Nahbereich dagegen ist die Schärfentiefe besonders klein und sinkt bei Abbildungsmaßstäben um 1:1 (Abbildung in natürlicher Größe) auf wenige Zentimeter bis Millimeter.

Hier kann der kleine Bildwandler dann wieder punkten: je kleiner, desto größer die Schärfentiefe – und das gilt auch für den Nahbereich, wo eine möglichst große Schärfentiefe immer wünschenswert ist.

3.5.5 Brennweitenwirkung

- Bei gleichem Standpunkt ändert sich bei einer Brennweitenverstellung der Bildausschnitt, die Perspektive jedoch bleibt gleich.
- Verdopplung der Brennweite bedeutet bei gleicher Aufnahmedistanz doppelte Abbildungsgröße.
- Bei gleicher Abbildungsgröße, aber unterschiedlicher Brennweite (= unterschiedlicher Aufnahmestandpunkt), ergibt sich eine andere Perspektive.
- Durch die Wahl der Brennweite wird eine Vorentscheidung über die Schärfentiefe getroffen: Kurze Brennweiten ergeben große Schärfentiefe, lange Brennweiten geringere Schärfentiefe.
- Die Schärfentiefe wird bei gleich bleibender Brennweite durch folgende Parameter beeinflusst:
  (a) Kleine Blendenöffnungen (bei großer Helligkeit) ergeben große Schärfentiefe.
  (b) Große Einstellentfernungen ergeben große Schärfentiefe. Im Nahbereich ist die Schärfentiefe sehr gering.

Es kann nicht erstrebenswert sein, nurmehr Fotos zu machen, die durch ein Übermaß an Schärfe glänzen. Das Spiel mit der geringen Schärfentiefe etwa löst das Motiv vom unruhigen Hintergrund. Und der Reiz einer Verwischung liegt darin, dass der Betrachter erkennen kann, dass sich das Motiv bewegt hat. 

3.6 Licht in der Fotografie

Das Wort „Fotografie" ist griechischen Ursprungs und bedeutet ins Deutsche übersetzt „mit Licht schreiben, malen". Und auch die digitale Fotografie lebt vom Licht. Oder anders ausgedrückt: Man fotografiert immer Licht.

Nur wenn dieses Schreibgerät von einiger Qualität ist, wird es auch Ihr Foto sein. Fotografisch uninteressantes Licht, sei das Kunst- oder Tageslicht, führt zwangsweise auch zu schlechten Fotografien. Daran ist nicht zu rütteln.

Wenn Sie Ihre misslungenen Fotos mit denen vergleichen, die Ihnen wirklich gut gelungen sind, so werden Sie feststellen, dass ein wesentliches Element, das zu dem guten Foto beigetragen hat, die Lichtführung ist.

3.6.1 Tageslicht

Der ein oder andere mag geneigt sein, die Menge des Lichts als das wichtigste Kriterium anzusehen: „Wenn es hell genug ist zum Fotografieren, ist das Licht gut". Doch weit gefehlt! Die Lichtquantität ist noch die geringste Sorge des Fotografen. In schummerigen Bars etwa lassen sich ganz phantastische Lichtstimmungen erzielen.

Viel wichtiger als die Helligkeit des Lichts sind andere Faktoren. Das richtige Licht zum Fotografieren lässt sich an drei Attributen festmachen: Richtung, Farbe und Intensität.

Vergegenwärtigen Sie sich dazu den Lauf der Sonne über einen Tag hinweg und Sie werden diese drei Komponenten deutlich wieder finden. Morgens und abends steht die Sonne tief, fungiert als Streiflicht und wirft lange Schatten. Mittags dagegen steht die Sonne senkrecht am Horizont, wirkt wie ein Oberlicht und wirft kurze Schatten.

Die zweite Beobachtung, die man an so einem Tag machen kann, ist die der Lichtfarbe. Am augenfälligsten wird das am Beispiel des Abendrots. Das Sonnenlicht ist nicht mehr neutral weiß, sondern rot eingefärbt und überzieht mit diesem Rotschimmer die gesamte Szenerie. Licht für romantische Fotografie.

Der Aspekt der Lichtintensität schließlich hängt bei der Sonne davon ab, ob und wie viele Wolken am Himmel sind. Bei direkter Sonneneinstrahlung erleben wir ein sehr intensives, aber auch hartes Licht. Schieben sich kleinere Schönwetterwölkchen vor die Sonne, so wird das Licht sanfter. Kommt dagegen eine graue Wolkendecke, so wird das Licht nicht nur nahezu schattenfrei, sondern damit auch grau und langweilig.

Die Tagesrandzeiten zeigen schönstes Licht.

Deswegen nutzen die meisten Fotografen am liebsten die frühen Vormittags- und die späten Nachmittagsstunden für das Fotografieren. Das Licht ist dann einfach am schönsten.

Und damit wissen Sie schon das Wesentliche, um sich selbst bewusst zu machen, was Licht ist, wie es sich auswirkt und vor allen Dingen – wie man bessere Lichtbilder macht.

Künftig sollten Sie, wenn Sie fotografieren gehen, immer auch einen prüfenden Blick auf Licht und Schatten werfen. Und vergleichen Sie vor allen Dingen auch hinterher Ihre Ergebnisse mit dem, was Sie gesehen haben. Denn entgegen der Werbung sieht unser Auge immer noch ein ganzes Stück besser als jede Kamera, überbrückt beispielsweise hohe Lichtkontraste problemlos und von uns unbemerkt.

Nutzen Sie die Stimmung, die Tageslicht vermitteln kann, ganz bewusst. Vom gleißenden Sonnenlicht bis zur hell vom Mond erleuchteten Nacht ist eine unendliche Spannbreite von Ausdrucksmöglichkeiten gegeben, die maßgeblich von sich ständig ändernden Lichtverhältnissen leben.

Abendrot (und -blau)

Tageslicht trägt ganz entscheidend zur Stimmung eines Fotos bei – wenn es richtig gesehen und ins Bild umgesetzt wird.

3.6.2 Aufhellen

Um starke Hell-/Dunkelkontraste zu mildern und eine bessere Schattendurchzeichnung bei der Aufnahme zu erreichen, bedient man sich einer Zusatzbeleuchtung, um Schlagschatten aufzuhellen. Es gibt mehrere Möglichkeiten:

Aufhellblitz – Moderne Automatikkameras erkennen meist selbsttätig die Notwendigkeit der Aufhellung mit Blitzlicht und zünden ein eingeschaltetes Blitzgerät automatisch.

Bei manueller Steuerung ist ein ausgewogenes Verhältnis zwischen Tages- und Blitzlicht anzustreben. Erste Versuche sollten mit einer Blitzintensität von –1 EV beginnen.

Aufhellreflektor – Schirme, Spiegel, hell bespannte Platten oder Stoffbahnen – das kann notfalls auch ein weißes Handtuch sein – werden so aufgestellt, dass sie das auffallende Licht auf die aufzuhellenden Motivpartien reflektieren. Lastolite zum Beispiel bietet handliche Faltreflektoren in verschiedenen Größen und Oberflächen (gold, silber, weiß) an .

Preiswerte und wirkungsvolle Aufheller können aus Pappkarton hergestellt werden, der mit Alufolie beklebt wird. Auch weiße Styroporplatten eignen sich sehr gut. Durch die Wahl von Materialstruktur und Farbe kann die Intensität und Wirkung gesteuert werden.

3.6.3 Available Light

Wenn es etwas dunkler wird und es soll fotografiert werden, dann ist das manchmal nur möglich, wenn Blitzlicht zum Einsatz kommt. Doch während Blitzlicht die Atmosphäre zerstören kann, hat die Available-Light-Fotografie den großen Vorteil, dass die vorhandene Lichtstimmung erhalten bleibt.

Ideal sind dann Kameras, die eine Veränderung der Empfindlichkeitseinstellung zulassen: Stellen Sie dann zum Beispiel auf ISO 800/30° statt ISO 100/21°: Die Verschlusszeiten werden kurz genug, um auch Personen, die sich bewegen, noch scharf abzubilden.

Fotografie am Rande des Lichts

Beachten Sie dabei, dass ein Erhöhen der Empfindlichkeit mit einer Anhebung des Bildrauschens einher geht. In dem Fall empfiehlt es sich, die Schärfung in der Kamera auszuschalten, denn die Schärfung wird auch die Artefakte des Rauschens schärfen und damit überbetonen. Später in der Bildbearbeitung lässt sich das Rauschen weitgehend eliminieren – experimentieren Sie mit Weichzeichnung, Unscharfmaskierung und Kontrast, bis Sie die besten Einstellungen gefunden haben.

3.6.4 Kunstlicht

Und wenn es dann doch zu dunkel wird: Knipsen Sie die Leuchten im Zimmer an und versuchen Sie, damit das Licht nach Ihren Wünschen einzurichten. Alle Raumleuchten von der Steh- bis zur Deckenlampe können vorübergehend als Studioleuchte zweckentfremdet werden. Auch hier ist die Lichtwirkung genau zu beurteilen.

Nachteilig kann manchmal die für Fotoaufnahmen doch recht geringe Lichtleistung sein, auch die niedrige (rötliche) Farbtemperatur ist zu beachten, die unter Umständen einen Weißabgleich notwendig macht.

Experimentieren Sie zum Nulltarif einfach ein bisschen mit den beweglichen Lampen aus Ihrem Haushalt (Stehlampen, Klemmspots usw.) und sammeln Sie erste Erfahrungen.

Dazu ein paar Tipps:

* Fotografieren Sie doch einmal die (eingeschalteten) Leuchten selbst, so wie sie gerade stehen und hängen. Ich finde die Ergebnisse immer wieder ausgesprochen interessant.
* Ein Diaprojektor liefert einen ausgezeichneten, fokussierbaren Spoteffekt, und mit selbst geschnittenen Masken können beliebige Lichtformen (Kreis, Quadrat, Schrift, Muster usw.) auf oder hinter das Motiv projiziert werden.
* Kombinieren Sie die verschiedenen Lichtfarben des Tages- und des Kunstlichts. Schalten Sie bei Tageslicht die Raumbeleuchtung ein, um beispielsweise der einen Seite des Motivs einen warmen Schimmer zu verleihen.
* Spielen Sie mit dem Licht und sammeln Sie Erfahrungen. Auch Notizen schaden nicht. Vieles sieht trotz Dauerlicht auf dem Foto anders aus als in Wirklichkeit.
* Legen Sie zuallererst das Hauptlicht fest und setzen Sie erst dann die Akzente. Sie verhaspeln sich sonst in einer unkontrollierbaren „Lichtsoße".
* Es müssen nicht immer zwei, drei oder noch mehr Leuchten sein. Seitliches Streiflicht etwa kann ganz allein schon sehr wirkungsvoll sein.
* Hier haben Sie – anders als draußen unter den stetig wechselnden Lichtverhältnissen – Zeit: Machen Sie viele verschiedene Fotos vom selben Motiv. Wechseln Sie die Brennweite und den Schärfentiefebereich.

3.6.5 Mischlicht

Schöne Effekte lassen sich erzielen, wenn Blitz- oder Kunstlicht und Tageslicht kombiniert eingesetzt werden:

- Ein populäres Beispiel ist der Aufhellblitz. Er mindert die starken Schlagschatten des grellen Sonnenlichtes, ohne dass die Nachteile des Blitzes (hartes Licht, Schlagschatten) wirksam werden können.
- Kombinieren Sie die verschiedenen Lichtfarben des Tages- und des Kunstlichts. Je nach Weißabgleich wirkt Tageslicht blau und kalt, Kunstlicht neutral und warm (Abgleich auf Kunstlicht) oder aber Tageslicht wirkt neutral, Kunstlicht rötlich und sehr warm (Abgleich auf Tageslicht).

Eine bei Immobilien-Zeitschriften sehr beliebte Anwendung dieses Effekts kennen Sie wahrscheinlich: Das Haus wird gegen Abend hell erleuchtet – zur blauen Stunde – fotografiert: Haus und Umgebung erscheinen bläulich, der Blick ins Innere gelblich und damit um so anheimelnder.

Ein anderer Effekt ergibt sich in der Kombination von längeren Verschlusszeiten und Blitzlicht. Der Blitz zeichnet dabei eine scharfe Phase in das verwischte Motiv. Hier ist der Blitz um ca. 1–2 Blenden knapper zu bemessen. Die Verschlusszeiten sollten zwischen 1/15 s und 1/4 s liegen.

Eingefrorenes und
Verwischtes

Wenn Ihre Kamera das Motivprogramm „Nachtporträt" respektive die „Langzeitsynchronisation" kennt, stellen Sie genau das hierfür ein. Da eine Phase durch das schnelle Blitzlicht auf jeden Fall scharf wird und die Wischeffekte erwünscht sind, muss nicht vom Stativ fotografiert werden. Es spielt bei dieser Technik keine Rolle, ob sich die Kamera bewegt (Verwackeln) oder das Motiv (Bewegungsunschärfe) oder gar beide.

3.6.6 Langzeitbelichtung

Bei vielen Kameras digitaler Bauart ist der Langzeitbereich nicht eben ausgeprägt. Das liegt an der Tatsache, dass ab etwa 1/4 s Belichtungszeit zunehmend Ladungsfehler und damit „Hot Pixel" auftreten. Da jeder Sensor gewisse Ladungsverluste aufweist, leuchten bei genügend langer Belichtung alle Sensoren auf. Aus diesem Grund begrenzen die Kamerahersteller die maximalen Belichtungszeiten.

Langzeitbelichtung

Folgende Maßnahmen helfen gegen Hot Pixel, falls Langzeitaufnahmen gemacht werden sollen und es nicht möglich ist, die Belichtungszeit bei oder unter 1/4 s zu halten:

- Kamera nicht in der Hand oder am Körper tragen, damit der Bildwandler nicht unnötig warm wird.
- Benutzung des optischen Suchers und Verzicht auf den Vorschaumonitor, weil der CCD bei der Vorschau ausgelesen wird und sich dabei zwangsläufig erwärmt.
- Bei Kameras ohne optischen Sucher sollte die Motivbeurteilung kürzestmöglich ausfallen.
- Letztlich lassen sich die (wenigen) hellen Punkte nachträglich in der Bildbearbeitung eliminieren.

Kapitel 4

Blitzlichtfotografie

4.1 Blitzlicht

Wenn es für Aufnahmen aus der freien Hand zu dunkel wird, aber auch zum Aufhellen der Schatten im Tageslicht, werden Blitzgeräte unverzichtbare Hilfsmittel. Blitzlicht ist sehr hell und strahlt Licht mit einer Farbtemperatur von 5500 Kelvin ab, das dem Tageslichtspektrum sehr nahe kommt. Es lässt sich mithin – zum Beispiel beim Aufhellen – farbstichfrei mit Tageslicht mischen.

Allerdings leuchtet diese harte, direkte Lichtquelle nur den Nahbereich aus und der Hintergrund versinkt im Dunkel. In aller Regel zeigen sich starke Schlagschatten, weil der kleine Blitzreflektor wie ein Spot wirkt. Vorhandene Lichtstimmungen werden zerstört.

Blitzlichtaufnahme

Trotz mancher Einschränkungen bietet Blitzlicht in vielen Situationen unbestreitbare Vorteile, denn ein Blitzgerät ist verhältnismäßig leicht und stellt seine enorme Lichtleistung jederzeit zur Verfügung. Auch unter ungünstigen Lichtverhältnissen kann damit zumindest das Foto gemacht werden. Für dokumentarische Aufgaben ist das besser als nichts.

Zum anderen kann Blitzlicht, gekonnt eingesetzt, eine wirklich gute Lichtquelle sein.

4.2 Grundlagen

4.2.1 Blitzleistung

Die Lichtleistung wird bei Blitzgeräten als Leitzahl angegeben. Je höher dieser Leitzahlwert ist, desto größer ist auch die dahinter stehende Lichtleistung. Dabei ist allerdings zu beachten, für welche Werte die Leitzahl ermittelt wurde und angeben wird: Üblich ist die Empfindlichkeit ISO 100/21°; bei der Reflektorstellung wird meist der engste Ausleuchtwinkel benutzt (weil hier das Blitzlicht stark gebündelt wird, ist natürlich auch die Lichtausbeute pro Flächeneinheit größer).

Mit folgender Formel kann die an der Kamera einzustellende Blende berechnet werden:

$$k = \frac{LZ}{A}$$

Wobei k = Blende; LZ = Leitzahl; A = Aufnahmedistanz in Metern.

Die Rechnung wird heute selten, wenn überhaupt, notwendig sein, um damit die passende Blende zu ermitteln. Sie ist aber dennoch interessant, denn aus ihr wird ersichtlich, wie sich unterschiedliche Leitzahlen auswirken: Verdoppelt sich die Leitzahl von 22 auf 44, dann entspricht das einer Vervierfachung der Lichtmenge, da die Blende bei ansonsten gleich bleibenden Aufnahmevoraussetzungen um zwei Stufen geschlossen werden kann.

Selbst relativ geringe Unterschiede – zum Beispiel Leitzahl 16 statt 11 – weisen auf erhebliche Leistungsdifferenzen hin.

4.2.2 Abstandsgesetz

Blitzlicht nimmt – wie jedes Licht – im Quadrat zur Entfernung ab. So kommt in vier Meter Entfernung nurmehr ein Viertel der Lichtleistung an wie in zwei Meter Aufnahmeentfernung. Bei tief gestaffelten Motiven leuchtet der Blitz deshalb die vorderen Partien heller aus als die hinteren.

Weil aber im Beispiel die nächste Viertelung erst wieder bei acht Metern erreicht ist, die folgende bei 16 Metern, ist es günstig – soweit das die Aufnahmeverhältnisse zulassen – mit Teleobjektiv (und Telereflektor am Blitz) zu fotografieren.

Beispiel: Wird ein Tisch, 2 m lang, aus 2 m Aufnahmeentfernung geblitzt, so ist der hintere Teil um 2 Blenden unterbelichtet. Wird derselbe Tisch aus einer Entfernung von 8 m angeblitzt, so liegt der Lichtabfall von Tischvorder- zu Hinterkante nur bei ca. 1/2 Blendenstufe.

4.2.3 Blitzsynchronisation

Die Belichtung kann bei Blitzgeräten nur über Blende und Lichtleistung (Abbrenndauer) des Blitzes geregelt werden, nicht aber über die Verschlusszeit. Denn anders als Dauerlicht leuchtet Blitzlicht ja nur für den Bruchteil einer Sekunde auf und es muss gewährleistet sein, dass während dieses Aufblitzens der Verschluss nichts abdeckt, damit die gesamte Chipfläche belichtet werden kann.

Daraus erklärt sich die Synchronzeit bei Schlitzverschlusskameras: Es ist die kürzeste Zeitspanne, während der der Verschluss das gesamte Bildfenster freigibt. Zentralverschlüsse geben mit ihren nach außen schwenkenden Lamellen prinzipbedingt bei jeder Verschlusszeit immer das gesamte Bildfenster frei.

Moderne Kameras und Systemblitzgeräte interagieren sehr eng miteinander. Die Synchronzeit wird da ebenso automatisch eingestellt, wie etwa der Blitzreflektor passend zur Brennweite respektive dem Bildwinkel verstellt wird.

4.2.4 Blitzreichweite

Die Blitzreichweite ist unmittelbar von den Parametern Blitzleistung, Aufnahmeabstand und eingestellter Blende abhängig. Externe Blitzgeräte zeigen die jeweils gültige Blitzreichweite oft auf einem Display an.

Werden geblitzte Fotos zu hell oder zu dunkel, so liegt die Ursache meist in einem Überschreiten der Blitzreichweite in der ein oder anderen Richtung: Entweder Sie sind zu nah am Motiv oder zu weit entfernt. In der Bedienungsanleitung zu Ihrer Kamera bzw. Ihrem Blitzgerät sollten sich die Daten für die Blitzreichweite finden.

4.3 Blitztechniken

4.3.1 Vorblitz

Um die gefürchteten roten Augen bei der Aufnahme zu verhindern, bieten viele Kameras eine so genannte „Vorblitz-Funktion": Durch mehrere leistungsschwächere Vorblitze soll erreicht werden, dass sich die Pupillen weiter schließen und so der Effekt roter Augen verhindert wird. Erreicht wird allerdings nur, dass die roten Augen kleiner werden, da sich die Pupillen ein wenig verengen.

Rote Augen – genauer Pupillen – treten beim Blitzen dann auf, wenn sich das Blitzgerät nahe der optischen Achse befindet; das Blitzlicht fällt durch die Pupille auf die Augenrückwand, in der sich viele Blutgefäße befinden und wird von dort reflektiert: Die Fotografierten sehen aus wie Zombies. Das aber lässt sich in der Bildbearbeitung recht einfach beheben.

Dieser Effekt tritt um so zuverlässiger auf, je kleiner der Winkel zwischen Objektiv- und Blitzachse ist. Besonders gern also bei Kameras mit integriertem Blitz. Bei einer Porträtaufnahme in Telestellung ist der Winkel besonders klein und damit die roten Augen um so deutlicher, während das gleiche Porträt bei Weitwinkeleinstellung unter Umständen diesen Effekt noch nicht zeigt.

Mildern und vermeiden lassen sich rote Augen, wenn die Personen nicht direkt ins Objektiv schauen, außerdem sollte das Raumlicht möglichst hell sein.

Kuriosum am Rande: Bei Babys und Betrunkenen wirkt der Vorblitz überhaupt nicht, weil deren Reaktionen verlangsamt sind und sich die Pupillen deshalb nicht schnell genug schließen.

Der Nachteil der Vorblitze ist, dass der Fotografierte immer schon lange vor dem Auslösen weiß, dass er fotografiert werden wird. Aufgrund der Vorblitze vergeht zudem rund eine Sekunde mehr zwischen dem Druck auf den Auslöser und der Verschlussauslösung.

Die einzig zuverlässige Methode, rote Augen zu unterbinden, ist allerdings die Verwendung eines Blitzgerätes möglichst weit ab der optischen Achse. Meist genügt schon ein höheres Aufsteckblitzgerät. Wer ganz sicher gehen will, verwendet eine Blitzschiene oder ein Stabblitzgerät.

Kontra rote Augen: Blitzgerät fernab der optischen Achse. Foto: Nikon

4.3.2 Aufhellblitz

Eine der wichtigsten Blitzfunktionen, wenn nicht gar die wichtigste, ist das Aufhellblitzen, wo dem vorhandenen (Tages-) Licht eine Prise Blitzlicht hinzugefügt wird. Bei hoch stehender Sonne etwa zeigen sich starke Schlagschatten in Gesichtern und auch sonst.

Aufhellblitz

So eine kleine Prise Blitzlicht mildert die Schattenbildung und leuchtet das Motiv besser aus. Da kann das kleine integrierte Blitzgerät schon viel ausrichten, aber selbstverständlich funktioniert das Aufhellblitzen auch mit jedem angesetzten Systemblitzgerät und dann auch auf größere Entfernungen.

Die Perfektion lässt sich erreichen, wenn die Kamera über die Möglichkeit des drahtlosen Blitzens (idealer Weise mit Kurzzeitsynchronistation) verfügt: Fernab der Aufnahmeachse kann das Blitzgerät entfesselt für die Aufhellung sorgen.

Der Aufhellblitz ist in diesen Situationen sehr nützlich:

- Bei der Fotografie gegen die Sonne (Gegenlichtaufnahmen).
- Bei seitlich und hoch stehender Sonne ergeben sich starke Schlagschatten, die sich mit dem Aufhellblitz mildern oder sogar ganz aufheben lassen.
- An diesigen und bedeckten Tagen werden Farben im Vordergrund (Blitzreichweite) gekräftigt.

- Ganz allgemein ergibt sich eine gleichmäßigere Ausleuchtung im Vordergrund.

Die Entscheidung, ob ein Aufhellblitz überhaupt notwendig ist, treffen Sie, indem Sie das interne oder externe Blitzgerät einschalten (oder eben nicht). Den Rest macht die Kameraelektronik:

- Auch bei aktiviertem Blitzgerät wird das Dauerlicht gemessen, und danach wird Aufhellblitz oder Vollblitz abhängig von der Umgebungshelligkeit zugeschaltet.
- Beim Aufhellblitzen erfolgt automatisch die Absenkung des Dauerlichts um etwa −1 bis −2 Stufen und das Blitzlicht wird als Aufhellblitz gezündet. Der Hintergrund wird etwas dunkler wiedergegeben.

Zu beachten bleibt, dass das kleine Blitzgerät eine harte, direkte Lichtquelle ist, die sich besonders in reflektierenden Flächen als heller Fleck abbildet und so auch auf dem Foto erscheint. Sehr gut eignet es sich bei allen dreidimensionalen, stark strukturierten Motiven, währenddessen bei glatten und flächigen Objekten fast zwangsläufig mit starken Blitzreflexen im Foto gerechnet werden muss. Für die Fotografie von Menschen oder Natur kann es deshalb ohne weiteres eingesetzt werden, bei der Fotografie von Möbeln, Bildern und dergleichen ist Vorsicht geboten.

Links ohne, rechts mit Aufhellblitz fotografiert.

Es lohnt sich sehr, den Aufhellblitz oft zuzuschalten und gerade auch Aufnahmen bei gleißendem Sonnenschein mal mit, mal ohne Blitz zu machen. Hinterher kann man sich dann die bessere Variante aussuchen.

4.3.3 Vollblitz

Reicht das vorhandene Licht für eine Dauerlichtaufnahme (mit Aufhellblitz) nicht aus, dann zündet die Kamera den Blitz als alleinige Lichtquelle (Vollblitz); das Umgebungslicht wird nicht mehr berücksichtigt.

Als Schwelle zwischen Aufhell- und Vollblitz wird typischerweise eine Verschlusszeit um 1/30 s bis 1/60 s herangezogen: Ist die gemessene Verschlusszeit langsamer, kommt der Vollblitz zum Einsatz, andernfalls der Aufhellblitz.

Blitzlichtfotografie

Typisch sind hier erst einmal der starke Lichtabfall (siehe *4.2.1 Abstandsgesetz*) und die harte Ausleuchtung mit starken Schlagschatten, die sich durch den indirekten Blitz (siehe *4.5.1 Indirekter Blitz*) oder einen montierten Blitzreflektor (sehr empfehlenswert!) mildern lässt.

4.3.4 Kurzzeitsynchronisation

Etliche Kamerahersteller bieten – in Verbindung mit geeigneten Systemblitzgeräten – die so genannte Kurzzeitsynchronisation, bei der auch mit Schlitzverschlusskameras Blitzaufnahmen mit jeder beliebigen Verschlusszeit möglich sind.

Das Systemblitzgerät gibt dazu eine Serie hochfrequenter Lichtimpulse ab, die Dauerlicht simulieren und eine gleichmäßige Belichtung des gesamten Bildfeldes sicherstellen während der Verschluss abläuft. Dabei ist allerdings von einer empfindlichen Minderung der Leitzahl (= Blitzleistung respektive Blitzreichweite) auszugehen. Je schneller die Verschlusszeit wird, desto dramatischer sind auch die Leistungsverluste beim Blitzen

Nichtsdestotrotz ist diese Funktion für das Aufhellblitzen bei hellem Tageslicht und großer Blendenöffnung sehr hilfreich.

4.3.5 Langzeitsynchronisation

Viele Kameras bieten die Möglichkeit der Langzeitsynchronisation (mitunter auch als Motivprogramm „Nachtporträt" oder sinngemäß verwirklicht):

Langzeitsynchronisation

Normalerweise steuert die Kamera bei Blitzbetrieb relativ kurze Verschlusszeiten ein. Außer bei hellem Umgebungslicht (Aufhellblitzen) bedeutet das, dass der nicht unmittelbar vom Blitz ausgeleuchtete Bereich dunkel wiedergegeben wird. Um dies zu verhindern, kann die Langzeitsynchronisation genutzt werden, bei der auch das Umgebungslicht noch mit in die Bildgestaltung einbezogen werden kann.

In einer Bedienungsanleitung von Minolta war dazu einst zu lesen: „Die Langzeitsynchronisation fügt der Aufnahme Dramatik hinzu, indem sie Zeichnung in den Hintergrund bringt, während das Hauptmotiv vom Blitz ausgeleuchtet wird."

Anschaulicher ist kaum zu beschreiben, wie sinnvoll diese Funktion ist: Viele Blitzaufnahmen profitieren von einer gleichzeitig aktivierten Langzeitsynchronisation. Denn damit kann sicher gestellt werden, dass das Umgebungslicht in die Bildgestaltung einbezogen wird:

Dazu wird bei dunklerer Umgebung auch ein Stativ notwendig, sonst verwackelt das vorwiegend vom Dauerlicht beleuchtete Motiv. Der verwackelte Hintergrund kann sogar zu interessante Effekten zeigen, denn das schnelle Blitzlicht wird das Hauptmotiv in jedem Fall scharf abbilden, dem gegenüber ist die Umgebung unscharf verwischt.

4.3.6 Blitz-Belichtungskorrektur

Mit einer Blitz-Belichtungskorrektur, wie sie bessere Modelle zusätzlich zur Belichtungskorrektur (die sich aufs Dauerlicht bezieht) bieten, kann das Blitzlicht nach Plus oder Minus korrigiert werden – es hat dann größeren oder geringeren Anteil an der Gesamtbelichtung. So besteht die Möglichkeit, das Verhältnis von Dauer- zu Blitzlicht zu ändern.

Experimentieren Sie aber zunächst ohne Korrektur, um die Wirkungsweise der TTL-Messung kennen zu lernen. Sind Ihnen dann die Ergebnisse im Vordergrund zu hell oder im Hintergrund zu dunkel oder umgekehrt, dann können Sie durch Korrekturen eingreifen: Der Dauerlichtanteil wird über die normale Belichtungskorrektur erhöht oder abgesenkt, der Blitzlichtanteil über die Blitzbelichtungskorrektur.

Testen Sie diese Korrekturmöglichkeit unbedingt einmal mit der eigenen Kamera aus, denn je nach Kamerahersteller und Modell kann sich das erzielte Ergebnis unterscheiden.

4.3.7 Ultrakurzzeitfotografie

Moderne Blitzgeräte steuern die Belichtung über die Leuchtdauer des Blitzes – zwischen 1/200 s und bis zu 1/50000 s. Genaue Daten für Ihr Blitzgerät entnehmen Sie bitte der Bedienungsanleitung. Damit ist auch Ultrakurzzeitfotografie möglich – beispielsweise die Aufschlagkrone eines fallenden Milchtropfens.

Das funktioniert allerdings nur im Nahbereich und mit geöffneter Blende, da die zur Belichtung notwendige Lichtmenge über die Abbrennzeit des Blitzes gesteuert wird, die deshalb bei größeren Aufnahmeentfernungen und kleinen Blendenöffnungen zunehmend länger wird.

Wenn Ihr Blitzgerät die Minimal- und Maximalentfernung (Blitzreichweite) anzeigt, dann postieren Sie das Motiv bei Minimalentfernung und schließen die Blende wenig, und Sie können davon ausgehen, dass die kürzestmögliche Abbrennzeit erreicht wird.

4.3.8 Drahtlose Blitzsteuerung

Beim drahtlosen Blitzen steuert ein Blitzgerät (intern oder aufgesteckt) an der Kamera ein oder mehrere externe weitere Systemblitzgeräte drahtlos, die maximal etwa 10 Meter entfernt aufgestellt sein können: Entfernte Blitzgeräte erhalten Start- und Stoppsignale vom steuernden Blitzgerät.

Im Gegensatz zu einfachen Sklavenblitzgeräten bleibt dabei die TTL-Blitzlichtmessung erhalten und somit ist die richtige Blitzbelichtung auch beim drahtlosen Blitzen sichergestellt.

Bei Kameramodellen, die diese Funktion unterstützen, erwirbt man mit dem externen Blitzgerät bereits ein richtiges kleines Lichtsystem. Lässt sich doch gemeinsam mit dem internen Blitzgerät schon eine Beleuchtungssituation mit zwei Lichtquellen aufbauen; die Möglichkeiten der Lichtgestaltung werden viel variabler.

Schlicht ideal ist es, wenn die drahtlose Blitzsteuerung mit der Kurzzeitsynchronisation kombiniert ist – in dem Fall sind auch dem entfesselten Aufhellblitzen kaum Grenzen gesetzt.

Mit Blitzgeräten der Firma Metz (mecablitz) lässt sich ein Blitzlichtsystem mit drahtloser Blitzbelichtungssteuerung aufbauen, das prinzipiell mit allen Kameras funktioniert, die einen Blitz zünden können!

4.4 Blitzautomatiken

4.4.1 Blitzen mit Programmautomatik

Die einfachste und in den allermeisten Fällen auch zuverlässigste
Methode der Blitzlichtfotografie ist die Blitz-Programmautomatik.
Verschlusszeit und Blende sowie Blitzleistung werden in dem Fall
automatisch gesteuert.

Abhängig von der Umgebungshelligkeit respektive vom Ergebnis
der Dauerlichtmessung wird der Blitz als Aufhell- oder Vollblitz eingesetzt. Der Unterschied: Während der Vollblitz so bemessen wird,
dass er das Motiv komplett ausleuchtet, wird die Blitzleistung beim
Aufhellblitzen herstellerabhängig um 1–2 Stufen unterdosiert.

Diese Betriebsart eignet sich für unkompliziertes und problem-
loses Blitzen.

4.4.2 Blitzen mit Zeit- oder Blendenautomatik

Grundsätzlich gelten auch in der Blitzlichtfotografie die gleichen
Überlegungen für die Wahl von Zeit- oder Blendenautomatik, wie
sie auch beim Dauerlicht geschildert wurden.

Bei der Blitz-Zeitautomatik wird ein Blendenwert fest vorgegeben (= Schärfentiefepriorität), zu dem die Kameraelektronik die
Verschlusszeit bildet. Der (eingeschaltete) Blitz wird bei jeder Aufnahme gezündet.

Sofern Kamera und Blitzgerät die Kurzzeitsynchronisation beherrschen, werden auch kürzere Verschlusszeiten als die Synchronzeit eingestellt.

Bei der Blitz-Blendenautomatik kann die Verschlusszeit frei vom
Langzeitbereich bis zur Synchronzeit voreingestellt werden (= Zei-
tenpriorität). Beim Versuch, kürzere Verschlusszeiten als die Synchronzeit einzugeben, behält die Kamera die kürzestmögliche Synchronzeit bei.

Sind Kamera und Blitzgerät zur Kurzzeitsynchronisation in der
Lage, so können alle Verschlusszeiten vorgewählt werden.

Sowohl bei Blitz-Zeitautomatik wie Blitz-Blendenautomatik schaltet die Kamera den Blitz in Abhängigkeit von der Umgebungshelligkeit als Aufhell- oder Vollblitz zu.

4.4.3 Manuelles Blitzen

Wenn Sie die Kamera in den manuellen Modus schalten können, kann das für die gesteuerte Blitzlichtfotografie ganz besonders interessant sein, um das Verhältnis von Dauer- und Blitzlicht gezielt zu steuern:

1. Der Dauerlichtanteil wird dabei auf dem Monitor respektive Belichtungsindikator (sofern vorhanden) beurteilt und kann exakt angehoben und abgesenkt werden, so dass der nicht vom Blitz ausgeleuchtete Hintergrund je nach Wunsch heller oder dunkler erscheint. Im manuellen Modus bleibt die gefundene Einstellung von Zeit und Blende fix eingestellt.
2. Nun wird der (interne oder externe) Blitz zugeschaltet; die Kamera stellt automatisch auf TTL-Belichtungsmessung ein und belichtet die Blitzbereiche automatisch und richtig.

Hier ein Beispiel zu den Möglichkeiten. Links ist das Ergebnis der Blitz-Programmautomatik abgebildet, rechts jenes von TTL-Blitz bei manueller Belichtungseinstellung für Dauerlicht:

Programmautomatik
kontra manuell

Obwohl die Blitz-Programmautomatik in vielen Fällen gut funktioniert, gelangt sie hier (reflektierende Goldfläche und schwaches

Kerzenlicht) doch an ihre Grenzen. Wird dagegen das Dauerlicht manuell eingeregelt, kann das Verhältnis von Dauer- zu Blitzlicht feinfühlig austariert werden.

Weitere Anregungen: Im Freien können Sie das Porträt oder die Blume anblitzen und das Dauerlicht im Hintergrund etwas knapper (dunkler) halten, um das Motiv zu betonen. Ganz eigene Lichtstimmungen, die etwas Unwirkliches an sich haben, sind das Resultat.

Eine Aufnahme im Zimmer mit Fensteraussicht etwa können Sie auf diese Weise genau so austarieren, dass auch draußen noch alles zu erkennen ist, das Fenster aber etwas heller wirkt, wie wir das ja auch gewohnt sind.

Manche Systemblitzgeräte lassen sich auch in einen manuellen Modus schalten, in diesem Fall wird die TTL-Blitzlichtmessung ausgeschaltet. Kamera und Blitz müssen manuell eingestellt werden.

Im manuellen Modus wird immer ein Blitz mit einer festgelegten Lichtmenge gezündet; die Lichtleistung kann vorgegeben werden: 1/1, 1/2 … 1/32. Je nach eingestellter Leistung und Blende wird die passende Blitzentfernung auf dem Display des Blitzgeräts angezeigt. In etwa dieser Entfernung sollte sich auch das Blitzmotiv befinden – sonst wird es über- oder unterbelichtet.

In der Praxis dürfte es allerdings schwer fallen, eine sinnvolle Anwendung für diese Funktion zu finden. Eine denkbare Möglichkeit wäre das Blitzen mit niedriger Leistungsstufe für Serienaufnahmen. Da man aber dabei der TTL-Blitzautomatik verlustig geht, sollten sich alle, die oft schnelle Blitzfolgezeiten benötigen, einen so genannten Booster für das Blitzgerät zuzulegen – das ist ein starker externer Akkupack, der Blitzleistung und Blitzfolgezeit erhöht.

4.5 Besseres Blitzlicht

4.5.1 Indirekter Blitz

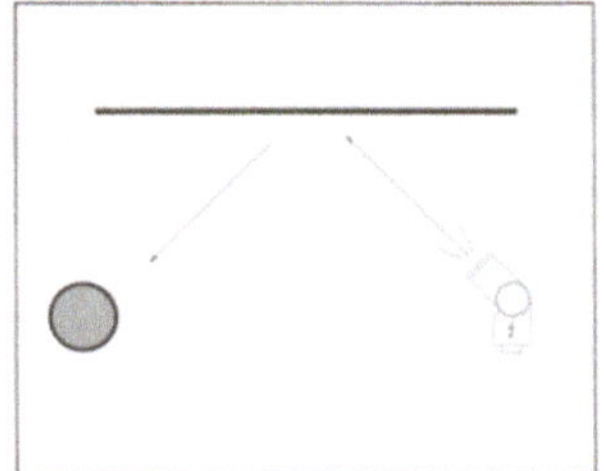

Es klang bereits eingangs dieses Kapitels an, dass das Blitzgerät eine harte, direkte Lichtquelle ist, das hohe Lichtkontraste und starke Schlagschatten begünstigt, weil der kleine Blitzreflektor wie ein Spotscheinwerfer wirkt.

Ein Mittel, die Lichtcharakteristik zu verbessern, ist der indirekte Blitz gegen die Decke oder eine Wand – das geht natürlich nur bei einem Blitzgerät mit schwenkbarem Reflektor. Die Abstrahlfläche wird vergrößert, das Blitzlicht weich gestreut.

Da aber die Lichtleistung im Quadrat zur Entfernung abnimmt, bedeutet das bei einer Verdopplung der Aufnahmeentfernung, dass nurmehr ein Viertel der ursprünglichen Lichtleistung zur Verfügung steht – das sind Werte, die beim indirekten Blitzen schnell erreicht und übertroffen werden.

Direkter und indirekter Blitz (rechts).

Ein weitere Falle ergibt sich, weil nach der Farbtheorie ein Körper immer Licht seiner eigenen Farbe reflektiert. Beim indirekten Blitz hängt also die effektive Lichtfarbe, mit der das Motiv beleuchtet wird, von der Wandfarbe ab. Ist die beispielsweise grün, dann „ergrünt" auch das Motiv. Unterschätzen Sie diesen Effekt nicht: Schon leichte Farbtönungen, kaum sichtbar, können einen deutlichen Farbstich im Foto bewirken.

Nur bei rein weißen Wänden, die nicht zu weit entfernt sind, empfiehlt sich deshalb diese Methode. Bei farbigen Wänden bekommt das Foto einen mehr oder weniger deutlichen Farbstich in Wandfarbe.

Und letztlich wirkt der indirekte Blitz gegen die Decke immer wie ein Oberlicht, so dasss zum Beispiel bei Personen unschön die Augen abgeschatttet werden. Man kann zwar auch gegen die Wand blitzen, doch dann ergibt sich recht strenges Seitenlicht.

4.5.2 Entfesselter Blitz 1

Als „entfesselt" wird der Blitzeinsatz fern der Kamera bezeichnet: Das Blitzgerät wird über ein langes Synchronkabel mit der Kamera verbunden und kann auch weiter entfernt – seitlich – von ihr aufgestellt oder auf einer Kameraschiene montiert werden.

Vorteil: Variablere Lichtführung und kein Frontallicht (das flächige, langweiligere Ausleuchtungen ergibt), sondern Seitenlicht mit Schattenwurf.

Nachteil: Die notwendigen Systemkabel sind unhandlich und recht teuer in der Anschaffung.

4.5.3 Entfesselter Blitz 2

Wer eine Kamera und ein Blitzgerät besitzt, die die drahtlose Blitzsteuerung beherrschen, der bekommt entfesseltes Blitzen einfach und quasi zum Nulltarif.

Entfesselter Blitz

Hier sind alle Vorteile der variablen Lichtführung gegeben; dies System ist sogar deutlich vielseitiger als das kabelgebundene entfesselte Blitzen. Siehe auch *4.3.8 Drahtlose Blitzsteuerung*.

4.5.4 Blitzreflektor

Foto: Lumiquest

Billige und teuere Blitzgeräte unterscheiden sich zwar sehr wohl hinsichtlich Leistung und Ausstattung, nicht aber bezüglich der Lichtqualität. Mit einem billigen Blitzgerät und einem Reflexschirm lassen sich genauso gut ausgeleuchtete Aufnahmen erzielen wie mit einem teuren. Unterschiede wird es nur hinsichtlich der Blitzreichweite und vielleicht auch des Ausleuchtwinkels geben.

Systemblitzgerät auf der Kamera: Links ohne, rechts mit Blitzreflektor.

Blitzreflektoren sind für Kompakt- und Stabblitzgeräte konzipiert, deren harte Lichtcharakteristik sie in weiches Licht wandeln. Es werden die verschiedensten Modelle angeboten, die meist nach dem gleichen Prinzip funktionieren: Das Blitzlicht wird gegen eine größere, diffus weiße Fläche gerichtet abgestrahlt. Die Leuchtcharakteristik wird weicher (keine so harten Schlagschatten mehr), die Lichtgestaltung deutlich verbessert.

Zwar wird das Blitzgerät mit dem zusätzlichen Aufsatz etwas unhandlicher und ist auch nicht ganz so schnell betriebsbereit. Die Ergebnisse, die solchermaßen erzielbar sind, entschädigen allerdings bei weitem für die kleine Mühe.

4.5.5 Servoblitz

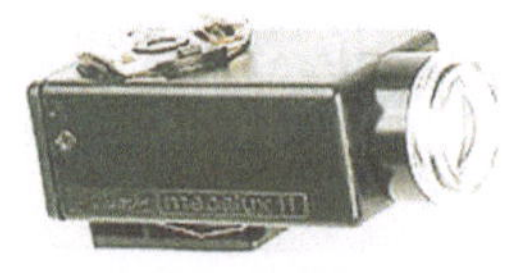

Foto: Metz

Bei manchen digitalen Kameras lässt sich mangels vorhandenem Blitzanschluss kein externes Blitzgerät ansetzen. Bei anderen ist das zwar möglich, angesichts der happigen Preise für ein so genanntes „Systemblitzgerät" ist eine preiswerte Alternative vielleicht willkommen. Die Lösung heißt „Servoblitz" – es gibt allerdings keine Garantie, dass sie mit jeder digitalen Kamera perfekt funktioniert.

Sie benötigen dazu lediglich ein ganz einfaches, preiswertes Blitzgerät, das keinerlei Steuerungsmöglichkeiten besitzen muss. Zusätzlich besorgen Sie sich einen so genannten „Servoblitzauslöser", in den das Blitzgerät eingeschoben wird. Dieser Servoblitzauslöser hat eine lichtempfindliche Fotozelle eingebaut, erkennt damit das Auslösen des kameraeigenen Blitzes und zündet praktisch verzögerungsfrei das externe Blitzgerät.

Nach genau dem gleichen Prinzip funktionieren auch so genannte „Sklavenblitzgeräte", die es für wenige Mark im Fotofachhandel zu kaufen gibt. Sie sind zwar nicht allzu leistungsstark, haben dafür die Servozelle bereits eingebaut und man kann ohne weiteres mehrere davon gleichzeitig benutzen.

Auf diese Weise können Sie einerseits die Gesamtlichtleistung erhöhen und andererseits gleichzeitig die Ausleuchtung verbessern, indem Sie die Blitzgeräte an unterschiedlichen Stellen postieren.

Diese preiswerte Lösung funktioniert aber dann keinesfalls, wenn die Kamera erst einmal einen Messblitz aussendet – der Servoblitz löst in dem Fall zu früh schon beim Messblitz aus.

Mit einer speziellen Vorblitzunterdrückung geht es dann aber doch: Blitzgeräte mit speziellem SCA-Slave-Adapter (SCA-3083 digital) respektive geeignete Blitzgeräte mit tauglichem eingebauten Servoblitzauslöser wie der mecablitz 34 CS-2 digital lassen sich vom Vorblitz nicht irritieren und blitzen zeitrichtig.

Fotos: Metz

In der Praxis bleibt abschließend nur die Frage, ob auch die Belichtungssteuerung Ihrer Kamera mit dem zusätzlichen Blitzlicht zurecht kommt. Das kann pauschal leider nicht beantwortet werden, sondern das müssen Sie einmal praktisch ausprobieren.

Motive und Themen

5.1 Handwerkliches

Es wurde bereits angesprochen, dass auch die digitale Fotografie letztlich denselben Gesetzmäßigkeiten folgt wie die analoge Fotografie. Die zugrunde liegenden Abbildungsgesetze sind seit vielen Jahrhunderten bekannt – seit die Camera obscura und die Zentralperspektive entdeckt wurden. Die hier gegebenen grundlegenden Hinweise gelten denn auch für die Fotografie ganz generell.

Der Druck auf den Auslöser ist nicht der Beginn, sondern das Ende des Aufnahmeprozesses: Was will ich zeigen und aussagen, wie erreiche ich das. Beim „Was" kann Ihnen letztlich keiner helfen und deshalb ist Fotografie eine schöpferische Tätigkeit. Das „Wie" ist die Technik, die nötig ist, um das „Was" überhaupt zeigen zu können. Insofern braucht die Fotografie das Handwerkliche als Voraussetzung für das Schöpferische.

In der Fotografie – auch in der digitalen Fotografie – kann das Handwerk (die Technik) immer nur Mittel zum Zweck sein. Ausdrucksstarke Fotos leben nicht von einem technischen Gag, sondern der Betrachter empfindet etwas. Das Foto berührt.

Eine gute Fotografie ist immer mehr als ein bloßes Abbild; Wiedererkennbarkeit alleine ist noch kein Kriterium für ein gutes Foto. Es muss mehr darin enthalten sein. Ein Freund von mir bezeichnet dies als die „Magie", die in einem Foto stecken sollte. Genau auf diese Magie hin sollten Sie Ihre Fotografien kritisch untersuchen.

Um beides zu lernen, das Schöpferische wie das Handwerkliche, suchen Sie sich Vorbilder. Versuchen Sie Fotos, die Ihnen besonders gut gefallen, einfach nachzufotografieren. Dabei sehen Sie dann gleich, wo es bei Ihnen noch hapert und warum das eine Foto so gelungen ist, das andere nicht. Und wenn es dann genauso gut wird wie das Vorbild – dann versuchen Sie es besser oder anders oder beides zu machen.

Wir können besonders viel von denen lernen, die etwas besser machen als wir. Dabei lernen wir auch sehr schnell unsere Grenzen kennen, kann doch nicht jeder jedes gleich gut fotografieren. Dem Stillen, in sich Gekehrten, liegen vielleicht Nahaufnahmen besonders, während der Leutselige seinen Stil eher in Richtung Reportagefotografie finden wird. Der Ungeduldige wird nicht die nötige Ruhe zur Naturfotografie mitbringen, der Beschauliche sich bei den einander jagenden Höhepunkten eines Sportereignisses überfordert fühlen.

Sie sehen, die Fotografie verspricht eine große Spannbreite an Ausdrucksmöglichkeiten. Was wir daraus machen, kommt auf uns selbst an.

5.2 Visuelle Notizen

Nutzen Sie die Möglichkeiten, digitale Notizen jeder Art zu machen – die digitale Aufnahme ist – im Gegensatz zum konventionellen Film – prinzipiell kostenlos und sofort verfügbar.

- Visuelle Notizen können auf Messen und Ausstellungen nützlich sein.
- Architekten, Schreiner und Immobilienmakler können damit Baufortschritte, den Zustand eines Gebäudes, einen Schadensfall usw. dokumentieren.
- Der Fotograf benutzt die Kamera, um geeignete Locations, Requisiten und Modelle in sein Archiv aufzunehmen.
- Wer ein Haus bauen will, kann interessante architektonische Details sammeln.
- Auf Urlaubsreisen fotografiert man Ortsschilder und Texttafeln (an Sehenswürdigkeiten) und weiß dann hinterher immer genau, was die „richtigen" Fotos eigentlich zeigen und welche Geschichte dahinter steckt.
- Ein Kunstmaler kann die Fotos als Gedankenstütze und Anregung nutzen, die er dann in seinen Pastellen und Ölgemälden weiterverarbeitet.
- Für den Versicherungsnachweis können wertvolle Gegenstände fotografiert werden.

Die digitale Kamera erfüllt damit in idealer Weise die Funktion eines visuellen Notizbuches, mit dem sich Gegenstände, Orte und Menschen dokumentieren lassen. Zuhause lässt sich daraus sehr schnell ein digitales Notizbuch basteln, in dem die wichtigsten Daten zu dem Bild (wer, wann, wo) festgehalten werden.

5.3 Landschaftsfotografie

In der Landschaftsfotografie kann der Fotograf ganz besonders mit der Brennweite, der Perspektive, der Schärfentiefe und dem Standpunkt spielen. Formen und Strukturen vom Kleinsten bis ins Unendliche tun sich auf. Der Fotograf kann sich in seinem Motiv bewegen und immer wieder neue Positionen finden. Allein durch die Festlegung der Horizontlinie können von ein und demselben Standpunkt aus ganz unterschiedliche Bildwirkungen erzielt werden.

So lässt sich beispielsweise allein durch die Aufnahmehöhe der Eindruck einer Weitwinkel- oder einer Teleaufnahme mit dem Normalobjektiv vermitteln: Ein hoher Aufnahmestandpunkt ohne ausgeprägten Vordergrund nähert sich der Fernsicht des Teleobjektivs, während ein niedriger Aufnahmestandpunkt mit deutlichem Vordergrund das Weitwinkel imitiert. Dies als ein Beispiel dafür, dass die normale Augenhöhe nicht das Maß der Dinge ist. Oft haben solch kleine Ursachen wie die Verlagerung der Aufnahmehöhe überraschend große Wirkungen.

Abendstimmung

Besonders wichtig ist auch hier das herrschende Licht. Günstig sind immer die frühen und späten Tagesrandzeiten, flach einfallendes Licht modelliert hier die Gegenstände und Formen besonders schön. Mittagslicht hingegen kommt zu sehr von oben und verflacht die Landschaft.

Morgenstimmung

Ein Blick auf Details schließlich lohnt sich sehr beim Schlendern durch die Landschaft, denn im Kleinen lassen sich oft interessante Strukturen, manchmal auch sehr schöne Stilleben, entdecken.

Der frühe Vogel…

Ein altes und immer wieder probates Mittel zur Erzielung räumlicher Wirkung besteht nach wie vor darin, ein Objekt im Vordergrund zu plazieren, zum Beispiel einen Ast, Blätter, eine Bank.

Durch die Betonung des Vordergrundes, der auch unscharf gehalten sein kann, gewinnt das Bild an räumlicher Tiefe.

Fundstück

Für Aufnahmen in diesem Motivbereich können folgende Ausrüstungsgegenstände und Techniken hilfreich sein:

- Stativ – damit kann auch zu den besonders schönen Tagesrandzeiten während der Dämmerung verwacklungsfrei fotografiert werden.
- Weitwinkelobjektiv oder Weitwinkelkonverter.
- Polfilter zur Sättigung der Farben.
- Zeitautomatik und geschlossene Blende für große Schärfentiefe.
- Überlappende Aufnahmen und Erstellung von Panoramafotos (siehe *5.11 Panoramafotografie* weiter hinten).

5.4 Architekturfotografie

Architekturfotografie ist vor allen Dingen ein Ringen um Licht und Position, ist das Warten auf die richtige Tageszeit, auf das richtige Licht, das Suchen der richtigen Position. Denn wenn das Objekt feststeht, das fotografiert werden soll, müssen Tageszeit und Standpunkt gefunden werden, bei denen es sich bestmöglich präsentiert. Das schließt nicht aus, dass sich irgendwo – im Vorbeigehen – plötzlich eine besonders interessante Architektur genau im passenden Licht zeigt.

Aber Achtung: Anders als in der Ebene (Schienen) scheinen nämlich Parallelen in der Senkrechten (Hochhaus) zu „kippen", wenn sie perspektivisch zusammenlaufen. Das kann allenfalls bei einer sehr expressiven Auffassung von Architekturfotografie in Ausnahmefällen akzeptiert werden.

Ohne Shiftobjektiv bleibt oft nur, aus der Not eine Tugend zu machen und die Perspektive überzubetonen.

Die Kamera sollte deshalb immer möglichst parallel zur Gebäudefront ausgerichtet werden. Das setzt bei der Wahl des Aufnahmestandpunktes und bei der Objektivwahl enge Grenzen. Die geforderte geringe perspektivische Verzeichnung kann entweder durch große Aufnahmeabstände und die Verwendung von Telebrennweiten oder aber durch den Einsatz eines Weitwinkelobjektivs und parallele Ausrichtung erreicht werden.

Shiftobjektiv von
Schneier-Kreuznach
Foto: Rollei

Engagierte Architekturfotografen werden sich für eine Kamera nach dem Prinzip der optischen Bank oder ein Shiftobjektiv interessieren: Hier kann durch Verschieben des Objektivs der Aufnahmestandpunkt der Bildausschnitt im Rahmen der Verschiebewege so angepasst werden, dass das Motiv komplett, aber ohne stürzende Linien abgebildet wird.

In engen Grenzen kann auch eine nachträgliche Entzerrung beim Composing angewendet werden – dabei werden allerdings die Proportionen verändert.

*Extreme Weitwinkelauf-
nahme (hier rund 100°
Bildwinkel).*

Weitwinkelobjektive stellen die Standardausrüstung für den Architekturfotografen dar. Er kann aber auch nicht auf Telebrennweiten verzichten, da es oft gilt, besondere bauliche Details festzuhalten.

Ganz besonders hohe Lichtkontraste gilt es zu bewältigen, wenn Innenräume mit Fensteraussicht fotografiert werden. Diese Kontraste können durch die Blitzlichtaufhellung des Vordergrundes gemildert werden – siehe *Kapitel 5 Blitzlichtfotografie* Abschnitte *4.3.5 Langzeitsynchronisation* und *4.4.3 Manuelles Blitzen*.

Für Aufnahmen in diesem Motivbereich können folgende Ausrüstungsgegenstände und Techniken hilfreich sein:

- Stabiles Stativ.
- Weitwinkelobjektiv oder Weitwinkelkonverter.
- Verzeichnungsfreies Objektiv. Alternativ bleibt als zweitbeste Lösung die rechnerische Korrektur der Verzeichnung mit geeigneten Tools in der Bildbearbeitung.

5.5 Nah- und Makrofotografie

Die Welt des Kleinen ist ein faszinierendes Aufnahmegebiet, das dabei allerdings fotografische Anforderungen wie kaum ein anderes stellt. Wenn Sie ein frei lebendes Insekt fotografieren wollen, befinden Sie sich mitten in einem der schwierigsten Gebiete der Actionfotografie. Edelsteine und Schmuck rechnen zu den heikelsten Themen der Sachfotografie. Kurz, in der Makrofotografie werden hohe Anforderungen an Ihr Wissen, Ihr Können und Ihre Geduld gestellt.

Doch mit etwas Grundlagenwissen, ein paar Tipps und ein wenig Vorüberlegung lassen sich ganz hervorragende Nah- und Makroaufnahmen machen. Die Ergebnisse lohnen die Mühe, denn Makrofotografie erschließt uns die formen- und farbenreiche Welt des Kleinen; zeigt Motive und Details, die sonst nicht erkannt werden.

Dazu muss die Ausrüstung weder besonders teuer noch besonders kompliziert sein. Die allermeisten digitalen Kameras kommen mit dem „Makromodus" erstaunlich nah ans Motiv. Dazu eventuell noch Nahlinsen und der Aufnahmebereich bis zum Maßstab 1:1 eröffnet sich dem Fotografen.

Blütenpracht

Engagierte werden sich letztlich irgendwann für ein Makroobjektiv entscheiden; die Abbildungsqualität ist einfach besser.

Doch auch im Makromodus respektive mit Nahlinsen muss die Qualität beileibe nicht schlecht ausfallen. Es empfiehlt sich allerdings, um 2–3 Stufen abzublenden, sonst ist mit deutlichen Randunschärfen zu rechnen.

Wer sich schon einmal in der Nahbereich vorgewagt hat, dem ist die rapide schwindende Schärfentiefe nichts Neues. Blenden Sie deshalb so weit als möglich ab. Doch auch mit Abblenden sind keine Wunder zu bewerkstelligen: Der Schärfentiefebereich verdoppelt sich, wenn sich auch der Blendenwert verdoppelt. Das heißt, um beispielsweise aus 1 mm die doppelten 2 mm Schärfentiefe zu machen, muss um zwei Stufen abgeblendet werden. Von Blende 5,6 auf 11 – erst damit hat sich der Blendenwert verdoppelt.

Mehr Erfolg zeigt unter Umständen ein viel einfacheres Vorgehen, wenn größere Schärfentiefe notwendig ist: Der Abbildungsmaßstab wird etwas kleiner gewählt, sprich, die Aufnahmeentfernung wird erhöht. Auch um den Preis, dass dann das Motiv nicht formatfüllend abgebildet wird.

Eine nachträgliche Vergrößerung des Hauptmotivs bringt allerdings keinen Schärfengewinn. Man muss in dem Fall schon mit dem Ambiente leben.

Sofern der Autofokus im Makromodus nicht sowieso deaktiviert ist, sollten Sie auf manuelle Scharfstellung umschalten. Dazu wird der Abbildungsmaßstab vorab festgelegt und dann die Aufnahmeeinheit in die Schärfe gefahren. Das geht besser und meist viel schneller, als wenn zusätzlich noch der Autofokus mitarbeitet.

Der Schmetterling sitzt nur kurz auf der Blüte, die Schnecke verschwindet schnell in ihrem Haus – da bleibt kaum Zeit, großartig herumzuhantieren. Mit voreingestellter Kamera vorsichtig annähern, bis die Schärfe stimmt und sofort auslösen, das ist die erfolgreichste Methode.

Bei Außenaufnahmen kann ein kleiner Spiegel sehr hilfreich sein, mit dem das Sonnenlicht in schattige Bereiche gelenkt werden kann. Auch mit kleinen Aufhellern aus Karton, weiß oder mit Alufolie beklebt, lässt sich die Lichtführung verbessern, Schlagschatten können aufgehellt werden.

Oft ist die Makroaufnahme aus freier Hand selbst bei besten Lichtverhältnissen einfach nicht mehr zu bewältigen, der Einsatz eines Stativs aber zu aufwendig oder das Motiv bewegt sich. Ärgerlich

ist es, wenn die Aufnahme unwiederbringlich verloren ist; zumindest nervenaufreibend ist auch bei statischen Motiven (zum Beispiel Pflanzen) das Warten auf den Augenblick, in dem der Wind nicht weht. Leider liegt es in der Tücke des Objektes, dass er just in dem Moment wieder auflebt, wenn der Auslöser gedrückt wird.

Pusteblume

Ein Makroblitzgerät kann einige dieser Probleme lösen. Hohe Lichtleistung ergibt kleine Blenden und akzeptable Schärfentiefe, die kurze Abbrennzeit vermeidet Verwacklungs- und Bewegungsunschärfen. Besonders gut geeignet sind Makroblitzgeräte mit zwei verschwenkbaren Blitzköpfen, die in der Nähe des Objektivs angebracht werden. Das Licht kann so sehr vielseitig gesetzt werden. In Verbindung mit einem Makroobjektiv oder einem freihandtauglichen Balgengerät mit Makrokopf stellen sie eine ideale Lösung dar für die „Pirsch", die schnelle Freihand-Makrofotografie.

Makroblitzgerät
Foto: Minolta

Für Aufnahmen in diesem Motivbereich können folgende Ausrüstungsgegenstände und Techniken hilfreich sein:

- Stativ. Besonders praktisch kann ein Tischstativ sein.
- Blitzlicht zur Aufhellung. Achtung: das interne Blitzgerät kann von Objektiv oder Gegenlichtblende abgeschattet werden. Besser ist ein externes, idealerweise „entfesseltes" Blitzgerät.
- Ambitionierte sollten die Anschaffung eines Makroblitzgerätes ins Auge fassen.
- Sofern der Makromodus der Kamera nicht genügt: Nahlinsen; idealerweise hochwertige Achromate.

5.6 Menschenbilder

Wir zeichnen mit Hilfe des Lichts einen ganz bestimmten Sekundenbruchteil auf, von dem wir glauben, dass er auch in Zukunft noch Interesse wecken wird. Bei uns und vielleicht auch bei anderen. Die ersten Gehversuche des Kindes, der Geburtstag der Großmutter, die Hochzeit werden festgehalten. Das Ereignis eines Tages, eingefroren in Momentaufnahmen, in Sekundenbruchteilen.

Abitur

Besser, als wir es je mit Worten zu schildern vermöchten, bleibt das Aussehen der Menschen zu einem bestimmten Zeitpunkt über den Tag hinaus erhalten. So können wir uns selbst als Kleinkind sehen, können in die Vergangenheit zurückschauen. Der Moment das Auslösens konserviert das Hier und Jetzt für lange Zeit. Nicht lange, und das Jetzt heißt: „Ja, damals…“.

Bei der Fotografie von Menschen existieren unterschiedliche Ansätze, die verfolgt werden können:

- Spontane Porträts; Schnappschüsse fast.
- Inszenierte Porträts, mit voller Kontrolle über Lichtführung, Hintergrund, Haltung... Der Fotograf ist bemüht, Eigenschaften, die er für wesentlich hält, durch die Inszenierung zu betonen.
- Familienfotos und hier besonders die von den Kindern.

Blättern Sie einmal ein paar alte Fotoalben von Ihrer Familie durch. Früher hat sich die ganze Familie fein ausstaffiert und den Fotografen besucht. In gemessener Haltung und mit ernster Miene schauen uns unsere Urahnen an.

Trotz der offensichtlichen Gestelltheit der Fotografien vermögen sie uns durchaus einen Eindruck von den darauf abgebildeten Person zu vermitteln.

Moderne Fotografien sehen da oft ganz anders aus. Je nach Standpunkt kann man sie als „spontan" oder aber „beliebig" charakterisieren. Der Fotograf gibt dem Abgelichteten selten genug Gelegenheit, sich selbst innerhalb des Bildes – und damit innerhalb der Welt – zu positionieren und darzustellen. Fotografiert wird oft, wie es gerade kommt.

Ein einziges Foto, in Ruhe und mit Bedacht gemacht und mit der Chance für alle – vor und hinter der Kamera – sich einzubringen, ist wertvoller als viele dieser so genannten „Schnappschüsse", die letztlich dann doch nichts anderes sind als Abfall.

Sind die Beteiligten – Fotograf wie abzulichtende Person – noch unerfahren im Fotografieren, so ist es der Schnappschuss, der am ehesten natürlich wirkende Ergebnisse verspricht. Die Gelegenheit für Schnappschüsse bietet sich besonders, wenn die zu fotografierenden Menschen durch ein Ereignis abgelenkt sind, wie das beispielsweise auf Familienfeiern der Fall ist. Wenn sich alle auf die Braut konzentrieren oder im Kaffeeplausch versunken sind, bietet sich die ideale Gelegenheit für den Fotografen.

Das Posen, das Verkrampfen angesichts der Kamera – all das fällt weg, und deshalb können in solchen Situationen sehr natürlich wirkende Fotografien entstehen. Gelingt es dem Fotografen dabei, auch noch im richtigen Moment auszulösen, so wird er sehr schöne Menschenbilder erzielen, die lebendig und ungestellt sind.

Wenn Sie Babys und Kleinkinder fotografieren, dann schalten Sie, wann immer es möglich ist, den Blitz ab. Er erschreckt das Kind. Und fotografieren Sie besonders in den ersten Lebensmonaten und -jahren besonders häufig, denn das Kind macht sehr schnell

Fortschritte und mit regelmäßigen Aufnahmen lassen sich die Entwicklungsstufen festhalten.

Machen Sie ruhig ganze Aufnahmeserien, denn dann können Sie einerseits immer die besten Fotos fürs Album auswählen, andererseits das wechselnde Mienenspiel des Kindes erfassen. Ändern Sie Ihren Standpunkt – gehen Sie in die Knie, damit Kinder nicht nur von oben herab aus der Erwachsenenperspektive fotografiert werden.

Künstler in seiner Werkstatt

Verzichten Sie einmal darauf, die Personen zum Lächeln aufzufordern – die meisten Menschen sehen verkrampft aus, wenn sie auf Befehl fröhlich aussehen sollen.

Und denken Sie auch an sich selbst! Machen Sie ein Selbstporträt! Der Fotograf ist meist derjenige, der am seltensten auf den Fotos auftaucht.

Beim Porträtfoto geht es um diesen einen Menschen, der gerade vor der Kamera agiert. Springt zwischen Fotograf und Modell kein Funke über, gelingt es dem Fotografen nicht, sich ein Bild dieser Persönlichkeit zu machen und dies zu fotografieren, so werden mindestens die Fotos, auf denen das Modell direkt in die Kamera – und damit zum Betrachter – blickt, verraten, dass der hier fotografierte Mensch nicht wirklich präsent war.

Porträtfotografie wird vor allen Dingen mit dem leichten Tele angegangen (Kleinbildbrennweiten von 85 mm bis 135 mm), da kurze Brennweiten zu übertriebener Perspektive neigen (lange Nasen im Gesicht) und starke Teleobjektive die Proportionen zu sehr verflachen. Das leichte Tele schafft darüber hinaus die richtige Aufnahmedistanz: Weit genug entfernt, um die Person nicht zu bedrängen, aber noch nahe genug, um den Kontakt zu halten.

Tageslichtporträt

Bei Innenaufnahmen sollten auch extreme Lichtführungen ruhig einmal ausprobiert werden. Bei Außenaufnahmen im Sonnenschein ist zu beachten, dass die hoch stehende Sonne besonders die Augen stark abschattet – schwarze Augenhöhlen sind die Folge, wenn nicht aufgehellt wird. Außerdem ist es bei Sonnenschein so hell, dass die Augen unwillkürlich zugekniffen werden – was den Effekt der „toten Augen" noch verstärkt.

Aufheller kann ein Blitzlichtgerät sein (Aufhellblitz), aber auch ein weißes Handtuch, ein weißes Stück Karton, eine Rettungsdecke oder etwas Vergleichbares, das außerhalb des Sichtbereichs der Kamera unter das Gesicht der zu porträtierenden Person gehalten wird und die Schatten aufhellt.

Generell kann das sofort beurteilbare digitale Foto hervorragend zur Rekapitulation bzw. Überprüfung einer fotografischen Aufgabe – gerade auch bei der Interaktion mit Menschen – eingesetzt werden. Es dient als Diskussionsgrundlage für die fotografischen Ergebnisse; Fehler in Konzeption und Gestaltung werden unmittelbar offenbar und können abgestellt werden.

Besonders bei Fotos von Menschen lassen sich die Bildergebnisse oft drastisch verbessern, wenn die abgebildete Person die Fotos unmittelbar einsehen und danach Mimik, Gestik usw. verbessern kann. Zudem fördert diese Kommunikation zwischen Fotograf und Modell das Verständnis über die Bildabsichten.

Für Aufnahmen in diesem Motivbereich können folgende Ausrüstungsgegenstände und Techniken hilfreich sein:

- Leichte Telebrennweite um 85 mm (entsprechend Kleinbild).
- Lichtstarkes Objektiv; bei Offenblende kann die geringe Schärfentiefe das Hauptmotiv vor unscharfem Hintergrund freistellen.
- Aufheller, Aufhellblitz.
- Zeitautomatik, um die Blende und damit die Schärfentiefe festzulegen.

5.7 Reise und Reportage

Reise und Reportage sind zwei insofern eng zusammenhängende Thematiken, als beide „unterwegs" bedeuten und beide sich in Aufnahmeserien mit einem Thema auseinander setzen. Bei beiden ist dann auch das Finden der Themen, genauer der Idee, der Beginn einer erfolgreichen Fotoserie.

Ganz klar: Grundsätzlich ist es möglich, ohne Überlegung einfach drauflos zu fotografieren. So machen es wohl die meisten, und das geht auch mehr oder weniger gut. Für die haben wir auch keine Tipps, sind sie doch in dem Fall überflüssig. Hier finden all die Hinweise, die ein wenig ambitionierter an die Sache herangehen.

Obwohl nicht immer möglich, ist es erstrebenswert, den Ort (der Reportage oder Reise) zunächst einmal zu Informationszwecken aufzusuchen, bevor fotografiert wird. Mindestens aber sollten die ersten Stunden oder Tage der Recherche „geopfert" werden; es empfiehlt sich, das Gesehene danach zunächst einmal zu ordnen und in ein schlüssiges Konzept einzubinden.

Fischhalle

Wie der Autor aus eigener Erfahrung (leider) weiß, geschieht es ansonsten nur allzu leicht, dass man mit zwar ganz netten Fotos zurückkehrt, der rote Faden aber ebenso fehlt wie die stimmige Serie. Gleiches gilt für die Reportage. Nur wenn dem Fotografen klar ist, was er warum zeigen möchte, wird er dies auch in den Fotos vermitteln können.

Und hier ist eine nicht allzu verbreitete Eigenschaft verlangt: Für den Fotografen heißt es, Standpunkte einzunehmen. In jeder Hinsicht. Standpunkte zum Thema, Standpunkte zum Motiv.

Aug´ in Aug´

Nur wenn der Standpunkt zum Motiv gesucht wird, ergeben sich neue Sichtweisen. Aus Augenhöhe haben es alle anderen auch gesehen. Durch Verlagerung des Standpunktes nach oben oder unten bzw. zur Seite werden dem Motiv neue Seiten abgewonnen. Das kann auch bedeuten, eine Treppe oder gar einen Berg zu erklimmen.

Faszination und Herausforderung finden sich in diesem Spektrum zuhauf. Können doch Aspekte der Landschaftsfotografie ebenso enthalten sein wie die der Architektur-, Porträt- oder Sachfotografie.

Der Ausschnitt eines Motivs wird im Zweifelsfall lieber etwas großzügiger bemessen werden, denn hinterher ist immer noch Gelegenheit, den optimalen Bildausschnitt festzulegen. Das ist besser als ungünstig angeschnittene Motivteile. Und das passiert in der Hektik einer Reportage allzu schnell.

Fischbräterei

Die Reportage in Innenräumen, auch im Theater und im Zirkus, verlangt entweder nach Blitz oder lichtstarken Objektiven. Statt Blitzlicht einzusetzen, fotografieren manche Fotografen lieber bei vorhandenem Licht, weil sie der Meinung sind, Blitzlicht zerstöre die Atmosphäre. Hier wird sich in vielen Fällen ein Einbeinstativ bewähren, das die ruhige Kamerahaltung unterstützt, ohne die Bewegungsfreiheit allzu sehr einzuengen.

Während die Reisefotografie in aller Regel von der Farbe lebt, sieht das bei der Reportage anders aus. Schwarzweiß ist hier genauso denkbar, ja oft sogar vorteilhafter, da sich die Bildintention pointierter darstellen lässt.

Wenn Sie unterwegs fotografieren und das Nachladen der Akkus nicht gesichert ist (auf Reisen in entlegene Regionen zum Beispiel, dann sorgen Sie für ausreichend Ersatzakkus. Faustregel: pro Aufnahmetag ein Akkusatz.

Für Aufnahmen in diesem Motivbereich können folgende Ausrüstungsgegenstände und Techniken hilfreich sein:

- Ausreichend Speicherkarten und Energie.
- „Gymnastik" hoch und runter für den besseren Standpunkt.
- Denken Sie daran, dass sich die farbfrohen Fotos in der Bildbearbeitung auch in – vielleicht viel ausdrucksvollere – Schwarzweißaufnahmen wandeln lassen.

5.8 Infrarotfotografie

Schwarze Himmel, strahlend weiße Wolken, dunstlose Fernsichten, Laub und Gräser in ungewöhnlichen Weißabstufungen und bei Licht- und Wärmereflexion geradezu leuchtende Objekte neben abgrundtief schwarzen Schatten – so präsentiert sich die ungewohnt wirkende Schwarzweißwelt der Infrarotfotografie. Das animiert auch zu Versuchen mit Architektur-, Stillife- oder Porträtfotos. Denn auch hier entstehen dann Bilder mit ganz besonderer Ausstrahlung.

Infrarotaufnahme
Foto: Norbert Güntner

Mit einfachen Mitteln erhalten Sie vollkommen neue Eindrücke ihrer Umgebung. Sozusagen höchst exotische Ansichten normalerweise längst nicht mehr beachteter, weil alltäglicher, Motive.

Die Erklärung dafür: Durch strenge Filter, die das sichtbare Licht mehr oder weniger sperren, wird der erfasste Spektralanteil beeinflusst – normalerweise Unsichtbares wird fotografiert.

Ob das allerdings funktionieren wird, hängt von der jeweiligen Kamera ab und muss ausprobiert werden. Der Chip selbst ist für Infrarot (sehr) empfindlich, und um überhaupt vernünftige Aufnahmen machen zu können, sind in allen Digitalkameras IR-Sperrfilter eingebaut.

Ob eine Digitalkamera dennoch für die Infrarotfotografie geeignet ist, probieren Sie so aus:

1. Besorgen Sie sich einen Infrarotfilter; am preiswertesten sind IR-Folien.
2. Halten oder schrauben Sie das Filter vor das Objektiv und begutachten Sie den Monitor (der das Sucherbild zeigt): Je weniger Rot und je mehr „falsche" Farben sich zeigen, desto wahrscheinlicher ist die Kamera IR-geeignet.

Ganz sicher können Sie gehen, indem Sie ein „Schwarzfilter" vor das Objektiv setzen. Der Name „Schwarzfilter" rührt daher, dass hierbei das sichtbare Licht völlig gesperrt ist und die Filter dem Auge schwarz erscheinen. Durchgelassen wird nurmehr der infrarote Anteil. Wenn Sie dann noch ein Bild auf dem Monitor erkennen, ist sicher, dass diese Kamera IR-tauglich ist.

Der Infrarotbereich des Lichts beginnt bei 650 nm (Nanometer) und endet bei 1200 nm. IR-Filter sind nun dafür gedacht, diesen Lichtbereich durchzulassen und andere Spektralbereiche auszuschließen. Für Infrarotaufnahmen werden verschiedene Filter angeboten:

- Starke Rotfilter, zum Beispiel B&W 092 Dunkelrot, Kodak Wratten 898 oder Schott RG 695 (lieferbar über Heliopan). Die Angabe bei Schott bezeichnet dabei die Wellenlänge, für die das Filter gerechnet ist – im vorliegenden Fall für 695 nm.
- Strenge Schwarzfilter, zum Beispiel B&W 093, Kodak Wratten 87C oder Schott RG 780/850 bis RG 1000.

Heliopan (Schott-Filter) und B&W bieten die Filter als Glasfilter in Schraubfassung an, die Kodak-Filter (Wratten) werden als Filterfolien im Format 75 x 75 mm gefertigt.

Tipp bei mehreren Kameras respektive Objektiven: Glasfilter in der größten benötigten Schraubfassung kaufen (zum Beispiel E49 = 49 mm) und mit Adaptern auf kleinere Durchmesser wie E28 anpassen.

Um so ein Filter an der Kamera nutzen zu können, sind folgende Wege denkbar:

- Hat das Objektiv ein Filtergewinde, dann wird ein Einschraubfilter (eventuell mit Adapterring zur Größenanpassung) benutzt.
- Alternativ kann auch ein Filterhalter mit den Folienfiltern benutzt werden.
- Bei Kameras ohne Filtergewinde werden die Filterfolien passend zugeschnitten und möglichst dicht vor dem Objektiv angebracht. Es ist denkbar, dass Sie sich dafür eine kleine Steckfassung (aus Pappe) basteln, die über das Objektiv gleitet und das rundgeschnittene Filter fixiert.
- Bei der Verwendung von Konvertern können die zugeschnittenen Filterfolien zwischen Objektiv und Konverter eingelegt werden.

Und dann erleben Sie Infrarotfotografie wie nie zuvor. Denn im Gegensatz zu früher zeigt sich das infrarote Bild unmittelbar auf dem Monitor!

Sie können nun farbige Infrarotfotos (Falschfarbenfotografie) machen. Diese sind in den Ergebnissen jedoch nicht so spannend und fotografisch reizvoll wie die Schwarzweiß-Infrarotfotografie, die durch ungewöhnliche, manchmal auch bizarr wirkende Bildergebnisse überrascht.

Farbige
Infrarotaufnahme

Doch kein Problem: In der Bildbearbeitung werden die Farbbilder einfach in Graustufen umgerechnet. Sie können die Aufnahmen auch gleich in Schwarzweiß machen (so Ihre Kamera das zulässt), doch nach unseren Erfahrungen werden die Infrarotfotos besser, wenn Sie erst in der Bildbearbeitung nach Schwarzweiß wandeln.

Die bei der Infrarotfotografie normalerweise notwendige, besondere Fokussiertechnik kann bei digitalen Kameras meist vernachlässigt werden: Die Brennweiten sind so kurz und die Schärfentiefe deshalb so groß, dass leichte Fokusdifferenzen davon aufgefangen werden.

Bei Spiegelreflexkameras mit Wechselobjektiven sollte sich ein so genannter „IR-Index" am Objektiv finden (ein kleiner roter Strich neben der Scharfstellmarke). Durch Scharfstellen bei sichtbarem Licht und Übertragen des Entfernungswertes auf den IR-Index ist gewährleistet, dass Brennpunkt und Filmebene zusammenfallen.

Erklärung: Objektive für die bildmäßige Fotografie (apochromatisch korrigierte Objektive ausgenommen) sind lediglich für das sichtbare Farbspektrum von Blau nach Rot im Bereich 400–700 Nanometer (1 nm = 1/1.000.000 mm) korrigiert. Infrarotes Licht hat dem gegenüber eine längere Wellenlänge und die langwelligen Infrarotstrahlen werden im Objektiv geringer gebrochen als sichtbares Licht, weshalb ihr Brennpunkt hinter der Filmebene liegt.

Für Aufnahmen in diesem Motivbereich können folgende Ausrüstungsgegenstände und Techniken hilfreich sein:

- Strenges Infrarotfilter.
- Konvertierung der Farbfotos in Graustufen in der Bildbearbeitung.

5.9 Ultraviolettfotografie

Bei der Fotografie im ultravioletten Bereich kann ähnlich wie im IR-Bereich Unsichtbares sichtbar gemacht werden. Es gibt zwei grundsätzlich konträre Ansatzpunkte: Entweder wird über ein Filter das sichtbare Licht gesperrt und das ultraviolette Spektrum aufgezeichnet. Oder aber es wird das ultraviolette Spektrum gesperrt und nur der Anteil wird aufgezeichnet, der bei UV-Beleuchtung fluoresziert, das heißt in sichtbares Licht umgewandelt wird. Diese so genannte Fluoreszenzfotografie ist bei Farbaufnahmen besonders Erfolg versprechend.

Als Beleuchtung ist in beiden Fällen ein Strahler notwendig, der ultraviolettes Licht abstrahlt. Das kann im einfachsten Fall die Sonne sein. Daneben kommen Quecksilberdampflampen in Frage, für den Heimgebrauch insbesonders die so genannten „Höhensonnen". Moderne Geräte beschränken sich dabei im Interesse der Gesundheit auf UV-A-Strahlung, das heißt auf den Bereich um 400–320 nm.

Zur Aufnahme sind alle Kameras und viele Objektive geeignet, wobei auch hier mit einer Fokusdifferenz zu rechnen ist. Normale Objektive eignen sich nur für Aufnahmen im UV-A-Bereich, denn kürzere Wellenlängen sperren die verwendeten Glassorten sehr stark. Die Mehrschichtvergütung kann den ultravioletten Anteil unter Umständen sogar so stark sperren, dass das Objektiv nicht mehr geeignet ist.

Ein einfacher Test auf UV-Tauglichkeit lässt sich durchführen, wenn der UV-Strahler in einem dunklen Raum aufgestellt wird. Weiter wird ein fluoreszierendes Objekt benötigt. In Frage kommen Materialien mit optischen Aufhellern, zum Beispiel ein Blatt Schwarzweißfotopapier. Das Objektiv wird dann so auf das Blatt Papier gerichtet, dass sich eine kreisförmige Fläche abbildet. Aus der Helligkeitsdifferenz zwischen dieser Kreisfläche und dem direkt beleuchteten Papier lässt sich der Betrag der Durchlässigkeit abschätzen, der erste Anhaltspunkte für die Belichtungskorrektur gibt. Bleibt die Stelle hinter dem Objektiv schwarz, dann ist keine UV-Durchlässigkeit gegeben.

Bei Digitalkameras ohne Wechselobjektive gilt das Testverfahren sinngemäß: Die UV-Durchlässigkeit wird hier allerdings auf dem Monitor beurteilt.

Für Fluoreszenzaufnahmen ist ein UV-Sperrfilter notwendig. Hier wird zwar das Objekt mit UV-Licht beleuchtet, bildwirksam sollen aber nur die fluoreszierenden Teile werden; jene Teile also, die aufgrund materialspezifischer Eigenschaften von ultraviolettem (unsichtbarem) in sichtbares Licht umgewandelt werden.

Mit dem UV-Sperrfilter werden das UV-Licht und unerwünschte Fluoreszenzen, wie sie in Gläsern, in Filterfolien, aber auch im Linsenkitt auftreten können, zuverlässig vermieden. Da hier sichtbares Licht fotografiert wird, sind hier alle Kameras geeignet.

5.10 Experimente

Das Experiment ist besonders facettenreich und nicht auf eine Technik festgelegt: unterschiedliche Objektive, spezielle Filter, ausgefallene Techniken (Unschärfen, Verzerrungen usw.) oder auch andere Sicht- und Darstellungsweisen bei der Aufnahme wie in der Bildbearbeitung können eingesetzt werden und machen diese Sparte der Fotografie zu einer besonders spannenden. Nach dem Motto:

„Wenn niemand es wagt, fotografische Gesetze zu sprengen, werden auch keine neuen entstehen.“

Manches in der experimentellen Fotografie wird eher dem konventionellen Bereich zuzuordnen sein; dieser zeigt bekannte fotografische Experimente, die aber in technischer Perfektion vorliegen sollten. Anderes wird experimentell in dem Sinne sein, dass die herkömmlichen Vorstellungen davon, wie eine Fotografie auszusehen hat, in Frage gestellt wird.

Schärfe ist nicht alles

Experimentieren Sie! Probieren Sie neben den normalen Aufnahmen, die gelingen sollen, deshalb ruhig immer mal auch Ungewöhnliches aus, experimentieren Sie mit Brennweite, Licht und Weißabgleich. So lernen Sie die Ausdrucksmöglichkeiten eines Fotos in all seinen Schattierungen kennen und lernen gleichzeitig aus den vielen Fehlern, die Sie unweigerlich machen werden. Wagen Sie Aufnahmen, die eigentlich „unmöglich" in jeder Beziehung sind – und Sie werden darunter neue Gestaltungsmöglichkeiten finden.

So verheißt der Goldene Schnitt die möglichst harmonische Komposition der Hauptmotive eines Fotos. Lernen Sie ruhig solch ausgewogene Fotos zu machen, aber machen Sie daneben auch schräge Bilder, an denen nichts stimmt. Dieses „nichts stimmt" bezieht sich natürlich auch wieder nur auf die herrschende Lehrmeinung davon, wie ein gutes Foto auszusehen habe. Nur im Experimentieren mit den vielfältigen Ausdrucksmöglichkeiten eines Fotos werden Sie Ihre ureigenste herausfinden.

Natürlich bietet auch die Bildbearbeitung viele Filter und Effekte an. Doch manches lässt sich so tatsächlich nur bei der Aufnahme realisieren.

Für Aufnahmen in diesem Motivbereich können folgende Ausrüstungsgegenstände und Techniken hilfreich sein:

- Falscher Weißabgleich.
- Lange Verschlusszeiten, Verwischen und Mitziehen.
- Ungewöhnliche Bildausschnitte, Kompositionen.
- Kontrast- und Farbeinstellungen der Kamera (sofern die Kamera das kann).
- Hohe Empfindlichkeitseinstellung.

5.11 Panoramafotografie

Bislang ging es um eher bekannte und auch in der analogen Fotografie nicht unübliche Themengebiete. Nun ist auch die Panoramafotografie seit langem nichts Neues, bedingt aber in der konventionellen Aufnahmetechnik spezielle Kameras und Objektive, um die notwendigen Aufnahmebildwinkel von bis zu 360° (eine Rundumsicht also) zu erzielen.

Eine Alternative besteht darin, mehrere überlappende Aufnahmen zu machen und die dann zusammenzumontieren. Was in der konventionellen Fotografie immer ein Sonderfall bleiben musste, weil sich die Anschlusskanten nur mit sehr hohem Aufwand völlig exakt angleichen ließen, ist in der digitalen Fotografie ein probates Mittel.

Panoramaaufnahme

Jeder, der eine Digitalkamera besitzt, kann Panoramafotos mit beliebigen Bildwinkeln aufnehmen. Auch hierbei werden zunächst mehrere überlappende Aufnahmen erstellt. Die Raffinesse folgt dann in der Bildbearbeitung: Geeignete Programme erkennen die Überlappungen und „montieren" eine echte Panoramaaufnahme aus den Einzelbildern. Und das so perfekt, dass bei einigermaßen sorgfältiger Aufnahmetechnik hinterher nicht mehr zu erkennen ist, dass das Panorama aus Einzelbildern besteht.

Für die Aufnahme nutzen Sie die Weitwinkelbrennweite. Das Objektiv sollte allerdings zur besseren Sorte gehören; starke Verzeichnungen können der Software das Zusammenfügen der Teilaufnahmen unmöglich machen. In dem Fall benutzen Sie eine Normalbrennweite (50 mm entsprechend Kleinbild), die meist nicht (stark) verzeichnet.

Panoramakopf
Foto: Novoflex

Dazu kommt ein stabiles Stativ mit drehbarem Panoramakopf, der mittels einer Gradskala genaue Teildrehungen ermöglicht. Eine eingearbeitete Libelle, um die Kamera waagerecht ausrichten zu können, ist hilfreich. Das Optimum ist ein spezieller VR-Kopf (VR = Virtual Reality), wie ihn zum Beispiel Manfrotto anbietet, und mit dem die Kamera exakt in den optischen Mittelpunkt verschoben werden kann.

Wichtig ist, dass Sie die Kamera möglichst so montieren, dass der Drehpunkt der optische Mittelpunkt des Objektivs ist, denn ansonsten „springt" die Perspektive zwischen den einzelnen Aufnahmen und ein nahtloser Anschluss ist nicht mehr möglich.

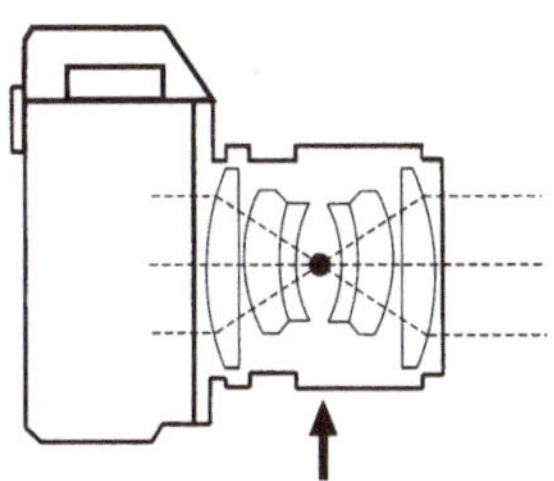

Bei Landschaftsaufnahmen in die Ferne und ohne Vordergrund können Sie allerdings zur Not sogar freihändig fotografieren: Die Perspektivversetzungen sind so gering, dass sie nicht sichtbar werden. Je näher jedoch ein Motivdetail der Kamera kommt, um so genauer müssen Sie um den optischen Mittelpunkt drehen.

Auf manchen Objektiven ist der Mittelpunkt markiert, Sie können ihn aber auch schätzen oder den Datenblättern des Herstellers entnehmen. Wenn in den technischen Daten keine Angaben zu finden sind: Versuchen Sie es einmal auf der Webseite des Herstellers. Nikon etwa gibt dort – unter Tipps und Tricks – diese Werte an.

Direkte Sonne sollten Sie vermeiden, zum Beispiel, indem Sie die Kamera so postieren, dass die Sonne von einem Objekt verdeckt wird. Oder Sie nutzen die frühen Morgen- oder Abendstunden ohne direkten Sonnenschein respektive fotografieren bei leicht bedecktem Himmel. Mittags steht die Sonne sehr hoch und wird wahrscheinlich auch nicht im Bildfeld auftauchen – fotografisch ist dies allerdings sehr ungünstiges Licht (starke Schlagschatten).

Weißabgleich und Belichtung sollten vorab manuell eingestellt werden, damit die Fotos weitgehend gleich hell und farbig sind. Der Weißabgleich wird entweder auf Lichtart (Tageslicht, Kunstlicht) gestellt oder manuell bestimmt; in jedem Fall aber fest eingestellt. Die Belichtung wird an den bildwichtigen Teilen gemessen und diese Werte werden manuell eingestellt, so dass sie sich nicht mehr ändern und die Bildhelligkeit verändern können.

Je nach Bildwinkel des Objektivs machen Sie dann mehrere Aufnahmen im Uhrzeigersinn mit großzügiger Überlappung (so etwa 50%) – das hilft der Software beim Zusammenstellen des Panoramas, da sie nach gleichartigen Bildteilen sucht, um die Einzelbilder zu montieren.

Die Kunst ist nun, die Einzelbilder zu montieren und dabei die Übergänge von einem Bild zum nächsten so verfließen zu lassen, dass der Eindruck entsteht, es handle sich um ein einziges zusammenhängendes Bild. Entsprechende Programme wie Photostitch oder die Panotools nehmen diese Arbeit ab.

Für Aufnahmen in diesem Motivbereich können folgende Ausrüstungsgegenstände und Techniken hilfreich sein:

- Stativ und Panoramakopf.
- Weißabgleich fest einstellen.
- Belichtung fest einstellen.
- Einzelbilder großzügig überlappen.
- Zügig fotografieren, damit alle Fotos bei gleichen Lichtverhältnissen entstehen.

Kapitel 6

Studiofotografie

6.1 Sachaufnahme

Der Nutzen einer gut gemachten Sachaufnahme ist jedem klar, der seine überflüssigen Besitzstände bei Internet-Auktionen anbietet: Ein gutes Foto des Gegenstands hilft verkaufen und erhöht den Verkaufspreis.

Sachaufnahme
Foto: Leica

In der Sachfotografie wird etwas fotografiert, um es zu zeigen. Produktabbildungen in Katalogen sind dafür ein Beispiel. Trotzdem, ganz so trivial ist diese Aufgabe nicht. Die Form und die Oberfläche, die Materialbeschaffenheit des Stückes sollen dem Betrachter vermittelt werden.

Hier ist die weiche, weitgehend schattenfreie Aufnahme verlangt, die nicht vom Motiv ablenkt.

Hohe Schule der
Sachfotografie
Foto: Sony

6.2 Stilleben

Mit ein bisschen mehr Arrangement, einer prägnanteren Lichtführung und ein paar Accessoires wird plötzlich mehr aus der Sachaufnahme: Mit einem Stilleben werden Stimmungen und Gefühle visualisiert. Geduld vor allen Dingen braucht der Fotograf hier, um die Dinge so zu drapieren, bis sie perfekt angeordnet sind.

„Emotionale"
Beleuchtung
Foto: Leica

Bei einem Stilleben hat es der Fotograf mit gestaltender Fotografie in Reinform zu tun. Alle Parameter befinden sich unter seiner vollen Kontrolle. Er schafft Bilder so, wie er es möchte. Hier greift allerdings nun überhaupt keine Entschuldigung über Fehler mehr: Das Bild muss perfekt sein.

Überlegen Sie bei einem Stilleben, wie der Betrachter durch das Bild geführt werden soll – die Anordnung der Gegenstände, die Bildkomposition lenkt das Auge.

Auch die Lichtführung hat entscheidenden Einfluss auf das Ergebnis. Sie können damit die Oberflächenstruktur betonen, die Formen herausarbeiten und – natürlich – Licht und Schatten schaffen. Der Lichtkontrast und das Motiv müssen sich entsprechen.

Beim Stilleben können Sie übrigens auch recht gut das Blitzgerät einsetzen. Allerdings nicht allein und nur selten direkt. Holen Sie sich Aufhellwände dazu, weiße Kartons oder ähnliches, und blitzen Sie dagegen – die Aufhellwand wird zur (großflächigen) Lichtquelle mit weicherer Lichtcharakteristik. Es läuft ja nichts weg und so haben Sie Zeit und Muße, Lichteffekte auszuprobieren und gegebenenfalls auch zu wiederholen.

Stilleben
Foto: Leica

6.3 Reproduktion

In der Reproduktion werden an die Beleuchtungseinrichtung höhere Anforderungen gestellt als in der bildmäßigen Fotografie. Ist doch hier der direkte und genaue Vergleich zwischen Objekt und Aufnahme gegeben und verlangt, höchste Wiedergabetreue der Farb- und Materialinformationen wird angestrebt.

Wie wichtig eine möglichst exakte Farbabstimmung ist, wird deutlich, wenn man sich vergegenwärtigt, welch unterschiedliche Farbwirkungen Tageslicht haben kann. Je nach Tages- und Jahreszeit differiert das Licht und entsprechend setzt der Fotograf die unterschiedlichen Lichtfarben gezielt zur Stimmungsbildung ein.

In der Reproduktion jedoch ist dieses wechselhafte „subjektive" Licht unerwünscht. Hier wird vielmehr ein normiertes Licht gefordert, das zu jeder Tages- und Jahreszeit konstante Aufnahmebedingungen garantiert und dabei die Farbwiedergabemöglichkeiten des Films aufs Beste unterstützt.

Zwei Leuchten, von beiden Seiten im Winkel von 45° aufgestellt, ergeben die klassische „schattenfreie" Beleuchtung für Reproduktionen. Die Ausleuchtung ist sehr gleichmäßig, und Schatten treten

nur bei dreidimensionalen Motiven beidseitig auf, wenn auch in ab-
geschwächter Form.

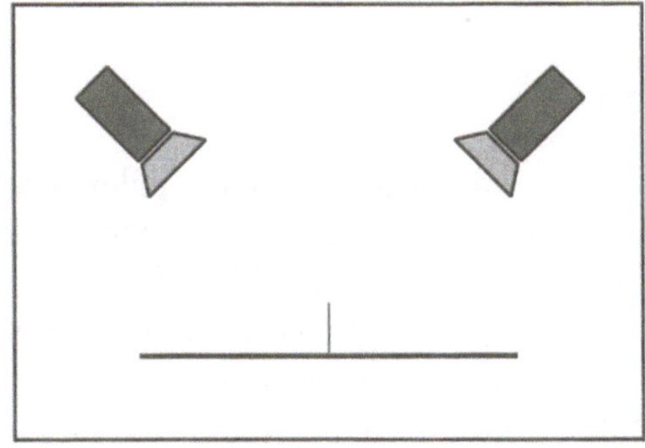

Bleistiftprobe

Hier wird die berühmte Bleistiftprobe zur Kontrolle der Gleich-
mäßigkeit angewandt: In der Mitte der Vorlage wird ein Stift senkrecht aufgestellt. Die Schatten müssen dann nach beiden Seiten
gleich lang fallen.

Beachten Sie bei der Reproduktion von glasgerahmten Bildern
und anderen stark reflektierenden Motiven (Ölgemälde, Hoch-
glanzpapier usw.), dass sich Kamera und Fotograf spiegeln können
– in dem Fall muss mit schwarzem Karton „abgenegert“ werden. 

Der Filtereinsatz erweist sich bei Reproduktionen als sinnvoll,
denn mittels geeigneter Aufnahmeverfahren ist es möglich, selbst
stark mitgenommene Vorlagen deutlich zu verbessern, speziell
dann, wenn die Aufnahme Schwarzweiß erfolgt. Stockflecken auf alten Dokumenten, Fotos oder Stichen etwa werden mit einem Gelbfilter beseitigt. Verblichene Schriftstücke, die mit blauer Tinte verfasst wurden, werden gleichfalls mit dem Gelbfilter reproduziert
und sind anschließend viel besser lesbar.

Als Regel gilt hier: Sollen Informationen verflacht oder unterdrückt werden, dann ist gleichfarbig zu filtern. Soll beispielsweise
eine Notiz, verfasst auf Millimeterpapier, ohne dieses rote Karo wiedergegeben werden, dann wird mit dem Rotfilter fotografiert.

Sollen dagegen Informationen moduliert bzw. verstärkt werden,
dann ist komplementär zu filtern. Eine Rötelzeichnung etwa wird
grün gefiltert, um feinste Einzelheiten deutlicher zu machen.

6.4 Lichtquellen im Studio

6.4.1 Tageslicht

Zu Beginn des vorigen Jahrhunderts hatte jeder gestandene Fotograf ein Tageslichtstudio. Idealerweise lag es nach Norden und trug deshalb auch die Bezeichnung „Nordlichtstudio".

Der Grund, warum die – möglichst großen – Fensterflächen des Studios vorzugsweise nach Norden gerichtet waren, ist ein ganz einleuchtender: Direkter Sonnenschein ist aus dieser Richtung nie zu erwarten und deshalb ist die Lichtcharakteristik sehr gleichmäßig.

Noch heute gibt es Fotografen, die in so einem Studio arbeiten. Und wer das nicht tut, seine Vorzüge aber kennt, schwärmt immer noch von dem schönen Licht, das in so einem Studio herrschte. Kunstmaler übrigens arbeiten nach wie vor bevorzugt in einem Atelier, dessen Fenster nach Norden weisen, weil sie darin die gleichmäßigsten Lichtverhältnisse vorfinden.

Bei Tageslicht ist die genaue Lichtkontrolle gewährleistet, denn wo Licht und Schatten sind, ist zweifelsfrei zu erkennen. Aufnahmen bei Tageslicht haben zudem den großen Vorteil, dass Sie sich nicht mit dem Setzen des Lichts „herumärgern" müssen – nehmen Sie es, wie es kommt bzw. suchen Sie sich die schönsten Lichtstunden des Tages aus.

Gerade bei kleiner Ausrüstung, wo Kunstlicht nur in Form des Kompaktblitzgerätes zur Verfügung steht, ist es manchmal besser, bei Tageslicht zu fotografieren statt Blitzlicht einzusetzen. Das Fenster, seitlich einfallendes Licht und ein Mensch oder Objekt – schon entstehen die ersten guten Fotos. Ein schönes Sofa, ein Stuhl oder ein Tisch können als weitere Requisiten für interessante Bilder hinzugenommen werden.

Nachteile gibt es natürlich auch. So ist das Tageslichtstudio wetterabhängig – mal ist es zu dunkel, mal stimmt die Farbtemperatur nicht. Generell ist ein helles Zimmer mit großen Fensterflächen notwendig.

Auch ist die mögliche Einflussnahme auf die Lichtführung äußerst gering und muss sich auf das Auf- und Zuziehen der Vorhänge und einige Aufheller beschränken.

Das heißt nicht, dass Tageslicht (im Studio) grundsätzlich schlecht ist. Ganz im Gegenteil profitieren viele Fotografien von der Stimmung, die Tageslicht vermitteln kann.

6.4.2 Blitzlicht

Die Fotografie bei Kunstlicht erschließt sich der Fotograf am einfachsten und preiswertesten mittels eines Kompaktblitzgerätes, denn das ist wohl in jeder Fotoausrüstung vorhanden.

Erste Erfahrungen mit gezielt eingesetztem Blitzlicht können gesammelt werden – und die Ergebnisse müssen beileibe nicht schlecht ausfallen. Mit etwas Überlegung, mit dem Wissen um die Einschränkungen und mit – preiswerten – Zubehörteilen wie einem Blitzreflektor können selbst mit nur einem Blitzgerät schon sehr gute Fotos entstehen.

Der größte Nachteil bei Blitzlicht ist wohl, dass die Lichtwirkung vor der Aufnahme nicht beurteilt werden kann. Es ist allerdings durchaus möglich, diesen Nachteil zu mildern, indem man einige spezielle Lichtarrangements ausprobiert und dann das Blitzgerät immer in diesen Positionen mit bekannter Wirkung einsetzt. Das ist nicht nur im Studio sehr gut machbar.

Der große Vorteil von Blitzlicht ist in zwei Punkten zu sehen: Es ist sehr hell und strahlt Licht mit einer Farbtemperatur von ungefähr 5500 Kelvin ab, das dem Tageslichtspektrum sehr nahe kommt. Die Aufnahmen werden deshalb farbneutral und „gültig" sein.

Die Fotoindustrie hat sich eine Menge Gedanken darüber gemacht, wie die harte Lichtcharakteristik des Kompaktblitzgerätes verbessert werden kann und bietet durchaus sinnvolle Teile wie Blitzschirme, Blitzbälle, Reflektoren usw. an. So ein Vorsatz, der das harte Blitzlicht streut und dadurch eine günstigere Lichtcharakteristik erzeugt, ist unbedingt empfehlenswert.

Foto: Lumiquest

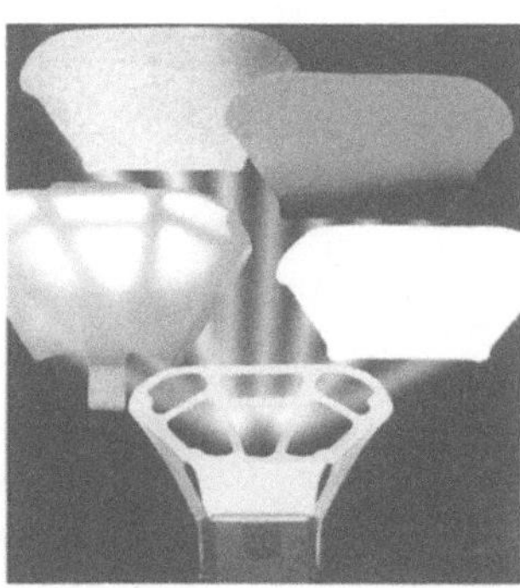

6.4.3 Kaltlichtleuchte

Die Kaltlichtleuchte ist der absolute Spezialist für den Nah- und Makrobereich, wobei die zu fotografierenden Objekte das Maß von 10 cm im Geviert nicht wesentlich überschreiten sollten. Im Bereich der Fotografie des Kleinen allerdings ist sie unübertroffen vielseitig.

Wer Schmuck, Mineralien, Platinen und Kleinlebewesen zu seinen bevorzugten Motiven zählt, der wird kaum daran vorbeikommen.

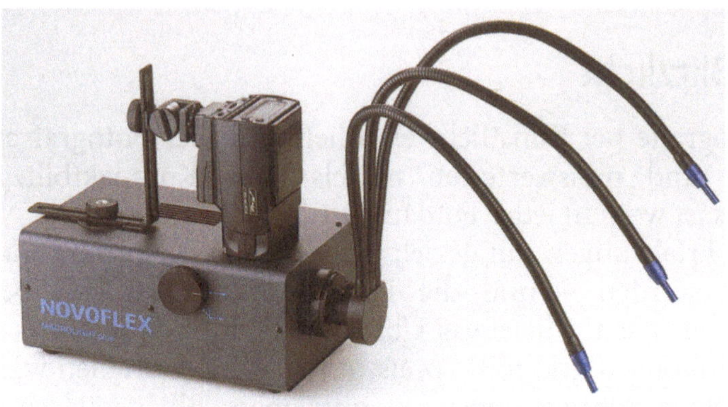

Kaltlichtleuchte
Foto: Novoflex

Nicht wenige Motive in der Makrofotografie sind temperaturempfindlich; man denke nur an Blüten, Kleinlebewesen aber auch elektronische Bauteile und Mineralien. Normale Aufnahmelampen entwickeln eine beträchtliche Wärme und verbieten sich deshalb von vorneherein bei kritischen Objekten. Zudem bleibt einem mit diesen hier riesigen Leuchten nichts anderes übrig, als das Motiv in einer einzigen Lichtflut zu fotografieren, in der Hoffnung, es werde schon funktionieren.

Kaltlichtleuchten dagegen erlauben es mit biegsamen Lichtleitern, das Objekt gezielt auszuleuchten. Damit ist auch im Bereich des Kleinsten noch eine gestaltende Lichtführung möglich. Wegen der räumlichen Trennung von Lichtquelle und Lichtaustritt müssen dabei keine thermischen Schäden befürchtet werden.

Monochromatische Farbfilter, die es in vielen Farben wie blau, rot, gelb, grün und orange gibt, erlauben es, bestimmte Teile durch farbige Beleuchtung besonders zu akzentuieren. Polarisationsfilter ermöglichen die Arbeit mit polarisiertem Licht und mit Fokussierlinsen schließlich kann das Licht mehr oder weniger stark gebündelt werden.

Anbieter von Kaltlichtleuchten sind neben anderen die Firmen Novoflex (www.novoflex.de) und Muster (www.muster.de).

6.4.4 Kunstlichtleuchte

Der kunstvolle Umgang mit Licht ist nur mit mehreren Lichtquellen – Hauptlicht, Seitenlicht, Spot usw. – zu erreichen. Voraussetzung dafür wiederum ist, dass die Charakteristik einer Lichtquelle mit diversen Reflektoren und Lichtschirmen geändert werden kann. So entstehen Aufnahmen, bei denen das Licht an sich beherrschendes und eben auch kontrollierbares Element ist, in denen das Motiv im Vordergrund steht. Porträts und Stilleben sind Beispiele, wo es wünschenswert ist, Lichtwirkung und -farbe bereits vor der Aufnahme genau festzulegen, um das Sujet im besten Licht – im Sinn des Wortes – zeigen zu können.

Foto: Kaiser Fototechnik

Mit Studioleuchten ist das möglich und sie sind – im Gegensatz zum Blitzgerät an der Kamera – völlig unabhängig und können frei im Raum platziert werden. Streiflicht, Auflicht, Seitenlicht etc. werden so erst möglich. Es stellt natürlich auch keine Schwierigkeit dar, mehrere Lichtquellen gemeinsam zu benutzen und so das Motiv tatsächlich im besten Licht zu zeigen.

Während mittlerweile fast ausschließlich Studioblitzgeräte im professionellen Bereich eingesetzt werden, waren es früher Studioleuchten – doch es gibt auch heute noch Fotografen, die gerne damit arbeiten, denn sie sind preiswerter als Studioblitzgeräte; wenngleich nicht ganz billig.

Studioleuchten (Anbieter: Kaiser Fototechnik) werden mit fast denselben Glühbirnen benutzt, wie sie auch im Haushalt gebräuchlich sind. Der einzige Unterschied: Fotolampen stehen in den Leistungsstufen 150 Watt, 250 Watt und 500 Watt zur Verfügung, die Farbtemperatur beträgt 3200 Kelvin. Weiterhin ist eine Tageslichtlampe mit 5000 Kelvin und 500 Watt Leistung erhältlich. Verschiedene Lichtwannen erlauben es, das Licht in weiten Bereichen zu formen. 

Einige Hersteller bieten Studioleuchten auch mit Halogen-Leuchtmittel an. Vorteil: die Leuchten sind sehr hell. Nachteil: das

Leuchtmittel muss gekühlt werden und die dafür notwendigen Lüfter können beträchtlichen Lärm entwickeln. Hier sollte vor einem Kauf unbedingt die Geräuschentwicklung überprüft werden.

Für den Anfang sind zwei Leuchten ausreichend. Dazu dann zwei Reflektoren (für weiches und gebündeltes Licht) und noch einen oder zwei Reflexschirme. So können Sie mit zwei Leuchten schon viele verschiedene Lichtsituationen aufbauen.

Aufnahmen unter kontrollierten Verhältnissen, bei denen der Fotograf alle Parameter beeinflussen kann, werden möglich. So kann die Ausleuchtung von weich und gleichmäßig bis stark gerichtet und hochdramatisch eingesetzt werden.

Zeilenscanner brauchen HMI-Licht, da eine absolut gleich bleibende Beleuchtung während des gesamten Abtastvorgangs gewährleistet sein muss. Deshalb scheidet Blitzlicht ebenso aus wie herkömmliche Fotolampen.

Mittlerweile wurde jedoch spezielle Software entwickelt, beispielsweise das Programm Power Stability Tool von Phase One, das diese Lichtschwankungen aus der Aufnahme herausrechnen kann. Auch herkömmliche Dauerlichtquellen können damit – bei ganz hervorragenden Ergebnissen – mit Zeilenscannern benutzt werden.

6.4.5 Portables Studioblitzgerät

Foto: Lumedyne

Eine Mischung aus Kompaktblitz und Studioblitz sind die Blitzgeräte von Lumedyne (www.lumedyne.com). Bei uns wissen nur Wenige um diese bemerkenswerten Blitzgeräte aus Amerika, führen sie doch hier wohl nicht zuletzt aufgrund des Preises ein Schattendasein.

Für eine funktionsfähige Einheit, bestehend aus Blitzkopf, Akku und Ladegerät sind immerhin rund U$ 1500 zu veranschlagen. Da allerdings an einem Akku zwei Blitzköpfe angeschlossen werden können, bekommt man für weitere rund U$ 300 eine Zwei-Leuchten-Lösung.

Diese Blitzgeräte weisen Merkmale auf, die in dieser Kombination für mobile Blitzgeräte einmalig sind: hohe Leistung, Pilotlicht, schnelle Blitzfolgezeit (unter drei Sekunden), Leistungsregelung, hohe Blitzkapazität und vielfältige Ausbaumöglichkeiten.

Beim Basismodell gibt es keine automatische Blitzlichtsteuerung; der Betrieb erfolgt manuell. Die Deluxe-Serie hingegen beherrscht mit dem passenden SCA-Adapter auch das TTL-gesteuerte Blitzen.

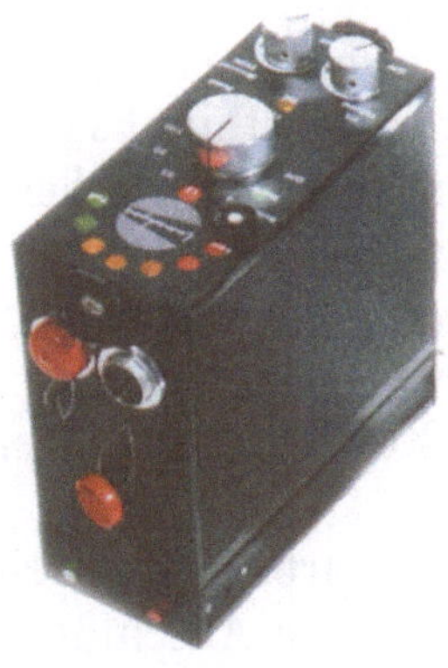
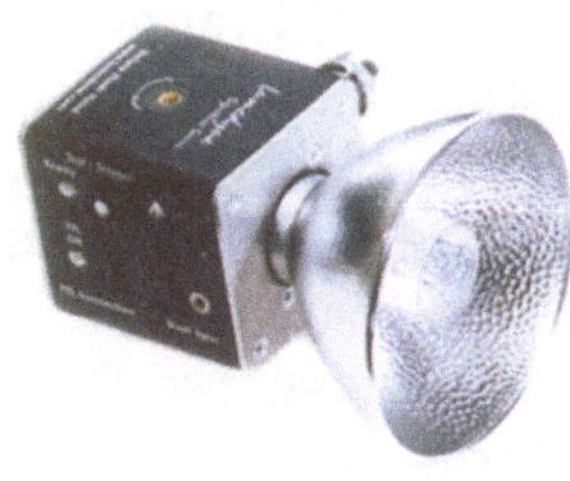

Foto: Lumedyne

Zu bedenken bleibt, dass der externe Akku an der Schulter getragen wird. Das ist nicht sonderlich bequem, andererseits bleibt der Blitzkopf so leicht und handlich.

Der Blitzkopf hat ein Pilotlicht, so dass die Lichtwirkung vorab beurteilt werden kann. Im Prospekt wird auf weitere Einsatzmöglichkeiten hingewiesen: Scharfstelllicht, Zusatzlicht in der Available-Light-Fotografie, Videolicht, Lampe bei nächtlichen Außenaufnahmen, Notlicht und Handwärmer(!).

Der Reflektor kann in Normal- und Weitwinkelstellung eingerastet werden und ist nicht, wie sonst üblich, auf höchste Lichtausbeute ausgelegt, sondern hat eine Hammerschlagstruktur, die tatsächlich noch per Hand und Hammer aufgebracht wird. Das Blitzlicht wird weicher, die Ausleuchtung gleichmäßig.

Die Ausbaumöglichkeiten sind umfangreich: Adapter erlauben es, Softboxen, Blitzschirme und andere Reflektoren an den Blitzköpfen anzubringen. Mit Spezialblitzröhre sind bis zu 2400 Wattsekunden Lichtleistung möglich und damit wird die Leistung manch kompakter Studioblitzgeräte übertroffen.

Wenn die Blitzfolgezeit von typischerweise 2,5 s nicht ausreicht, kann ein Hochgeschwindigkeitsmodul diese Zeitspanne halbieren. Weiterhin sind die Blitzgeräte mit dem Autoadapter an 12 Volt (Autos, Boote, Batterien) betreibbar und können mit einem Netzadapter auch direkt aus dem 220-V-Stromnetz gespeist werden.

Hier findet sich eine Lösung, die Eigenschaften des Studioblitzgerätes (Pilotlicht, wechselbare Reflektoren, Leistung) und Vorzüge des mobilen Blitzgerätes (autarke Energieversorgung, Handlichkeit) vereint und an jeden Ort bringt – drinnen wie draußen.

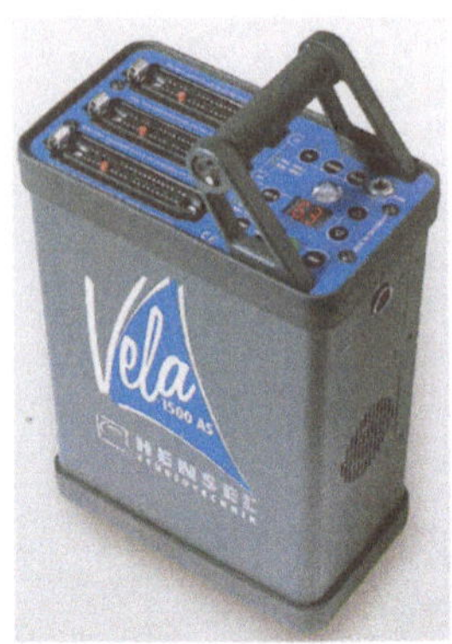

6.4.6 Studioblitz

Studioblitzgeräte sind die Lichtformer schlechthin. Es gibt für keine andere Lichtart eine solche Fülle unterschiedlicher Reflektoren vom engen Spot bis zur Lichtwanne.

Kompaktgeräte sind dadurch gekennzeichnet, dass sich bei ihnen der Speicherteil im Gehäuse des Lampenkopfes befindet. Mit einem Set aus zwei oder drei Blitzgeräten im Koffer lässt jederzeit auch ein Studio „on location" aufbauen.

Besonders leistungsstarke Blitzanlagen arbeiten mit einem separaten Generatorteil, das einen oder mehrere Anschlüsse für Blitzköpfe besitzt. Soll der Generator die Lichtleistung aller angeschlossenen Blitzköpfe nicht gleich einregeln, muss er mit einer so genannten asymmetrischer Leistungsverteilung ausgestattet sein, bei der die einzelnen Ausgänge unterschiedlich belastet werden können.

Die für die Blitzbelichtung mit externen Blitzgeräten notwendige Blendeneinstellung wird üblicherweise mit einem Blitzbelichtungsmesser ermittelt und an der Kamera eingestellt.

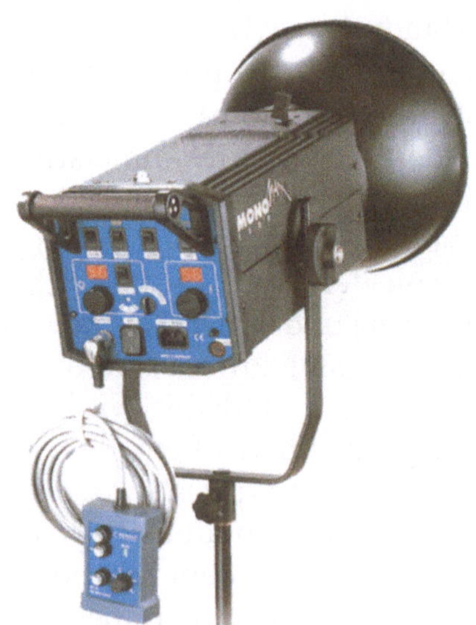

Fotos:
Hensel Studiotechnik

Bei digitalen Kameras ist aber auch die „experimentelle" Ermittlung der passenden Blende denkbar: Blende so lange manuell an der Kamera verstellen (Verschlusszeiteneinstellung etwa 1/60 s), bis das Belichtungsergebnis gut ist. Sicherheitshalber sollten in so einem Fall von jedem Motiv Belichtungsvarianten aufgenommen werden

(+/– 1 Blendenstufe), da die Bilddarstellung auf dem Kameramonitor doch beträchtlich von der tatsächlichen Aufnahme abweichen kann.

Geliefert werden Studioblitzgeräte üblicherweise nur mit einem Schutzdeckel für Blitzröhre und Einstelllicht. Es werden also noch Reflektoren benötigt. Abhängig vom Hersteller gibt es unterschiedliche Bezeichnungen für die einzelnen Ausführungen – Aussehen und Wirkung entsprechen sich aber im Wesentlichen. Nachfolgend eine Übersicht der gebräuchlichsten Reflektoren:

Foto:
Hensel Studiotechnik

Beginnen wird man mit dem Standardreflektor, und dann sukzessive um andere Reflektoren erweitern, um die Möglichkeiten der Lichtformung auszubauen:

- Der Standardreflektor – Durchmesser etwa 22 cm – ist innen silberfarben beschichtet und soll eine möglichst hohe Lichtausbeute bei gleichmäßiger Abstrahlung garantieren.

- Der Maxisoftreflektor ist gleichfalls innen silberfarben beschichtet und hat einen Durchmesser von ca. 30 cm, das Licht ist etwas weicher als beim Standardreflektor.
Zu diesen Reflektoren sind meist noch Wabenfilter, Vierflügeltore und Filterträger lieferbar.
- Wabenfilter richten die Lichtstrahlen parallel aus. Je größer die Waben, desto größer ist auch der resultierende Lichtkreis. Im Gegensatz zum Spot hat das Licht einen weichen Charakter.
- Vierflügeltore erlauben es, das Licht in der gewünschten Weise abzuschatten.
- Mittels farbiger Filterfolien, im Filterträger vor die Leuchte gesetzt, lässt sich das Licht in den gewünschten Motivbereichen einfärben.
- Der Engstrahlreflektor konzentriert das Licht auf eine kleine Fläche.
- Ein Spot ist ein Vorsatz – oder ein eigenständiges Blitzgerät – mit einer Linse, die das Licht gebündelt abstrahlt.
- Softboxen schließlich gibt es in unterschiedlichen Größen. Sie erzeugen ein sehr diffuses, gleichmäßiges Licht.
- Ein wichtiger Reflektor ist auch der Schirmreflektor (Reflexschirm), dessen Aufgabe darin besteht, das Licht möglichst gleichmäßig und breit in die Schirmfläche zu streuen.

Reflexschirme sind in jeder Form ein sehr interessantes und preiswertes Mittel für die Lichtgestaltung. Sie sind gute Lichtformer, zudem leicht, schnell zusammengefaltet und einfach zu transportieren und aufzubewahren. Neben solchen mit weißer Beschichtung gibt es Varianten in den Oberflächen Gold und Silber für spezielle Lichtcharakteristiken, wobei die hochreflektierende Beschichtung hohe Lichtausbeute ermöglicht.

Foto:
Hensel Studiotechnik

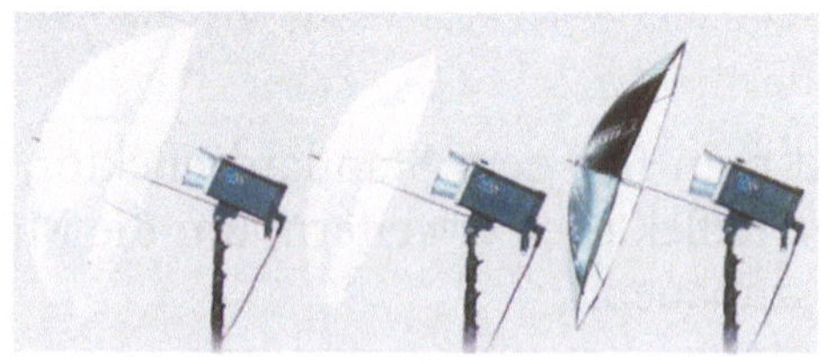

Die Verwendung dieser Reflexschirme empfiehlt sich immer dann, wenn aus einer harten Lichtquelle weich gestreutes Licht erzeugt werden soll, das Schlagschatten und hohe Hell-/Dunkelkontraste vermeidet.

Weiße Streuschirme ergeben ein weiches und neutrales Licht. Unbeschichtete Schirme können dabei sowohl als Reflex- als auch als Durchlichtschirm eingesetzt werden. Außen schwarz beschichtete Reflexschirme reflektieren demgegenüber wesentlich mehr Licht.

Schirme mit Silberbeschichtung reflektieren ein sehr brillantes Licht, das Struktur und Farben betont. Diese Reflexschirme eignen sich deshalb besonders für technische Sachaufnahmen, bei denen hohe Brillanz und Farbtreue erwünscht ist.

Der goldfarben beschichtete Reflexschirm reflektiert ein warm getöntes Licht, das Hauttöne vorteilhaft zur Geltung bringt.

Werden Schirme zum Durchblitzen eingesetzt, dann wird ein großer Teil des Lichts an der Innenseite reflektiert und geht verloren. „Softstar" lautet die Bezeichnung für Schirme, die nach hinten geschlossen und innen auf der Rückseite mit einer hochreflektierenden, silberfarbenen Beschichtung versehen sind – die Lichtausbeute ist so wesentlich höher. Das Licht ist sehr intensiv, gleichmäßig und weitwinklig gestreut.

Für eine kleine Studioblitzanlage genügen zwei Blitzgeräte – besser sind allerdings drei. Am besten gleich im passenden Transportkoffer, damit Sie auch „on location" damit arbeiten können. Dazu einen Standard- oder Maxisoftreflektor, ein bis zwei Schirmreflektoren, etliche verschiedene Schirme – damit können sie schon sehr viel machen. Ausbauen sollten Sie dann zunächst mit einem Filterträger, Farbfilterfolien und Wabenfilter. Wenn das Budget für mehr reicht, kommen ein Softstar oder eventuell auch eine Softbox in Frage.

Und selbstverständlich benötigen Sie spätestens jetzt einen guten Blitzbelichtungsmesser und eine Kamera, bei der Sie die Blende einstellen können.

Auch im großen Leuchtenpark wird das (Aufsatz-)Blitzgerät der Kamera nicht überflüssig: Obwohl ihm das Pilotlicht fehlt, kann es  nach einigen Testaufnahmen für unkritische Lichtaufgaben genutzt werden, beispielsweise als Gegenlichtquelle. Empfehlenswert ist ein kleiner Servoblitzauslöser, damit das Gerät „entfesselt" benutzt werden kann.

6.4.7 Studioblitzgerät zünden

Wenn die Kamera einen Synchronkabelanschluss hat, ist es kein Problem, alle Synchrokabel-gesteuerten Blitzgeräte, also auch Studioblitzgeräte, anzuschließen.

Die richtige Belichtung wird dann manuell eingestellt: Verschlusszeit um 1/60 s; Blende laut Blitzbelichtungsmesser oder experimentell ermittelt.

Da alle Studioblitzgeräte eine Fotozelle haben, damit sie kabellos gezündet werden können, ist es aber auch möglich, die Studioblitzgeräte mit dem Kamerablitz auszulösen. Da der interne Blitz vergleichsweise sehr leistungsschwach ist, dient er wirklich nur der Auslösung und hat praktisch keinen Anteil an der Beleuchtung.

Das Ganze funktioniert aber nur, wenn die Kamera keinen Messblitz aussendet – sonst löst die Blitzanlage zu früh aus. Schauen Sie in dem Fall nach, ob sich die TTL-Blitzlichtmessung via Setup auch auf einen einfachen Modus ohne Messblitz umstellen lässt – gewonnen haben Sie in der Regel schon, wenn die Blitzleistung auf manuell (1/1, 1/2, ...) gestellt werden kann. Falls nicht, bleibt Ihnen nur ein spezieller Kabeladapter (den der Hersteller hoffentlich anbietet) für den Blitzschuh der Kamera.

6.5 Einrichten des Studios

6.5.1 Tipps zum Raum

Das Fotostudio kann auch – zeitweise – in einem Wohnraum aufgebaut werden. Die notwendige Mindestgröße ist abhängig von den Motiven, die Sie fotografieren möchten. Table-Top-Fotografie kommt mit weniger Platz aus als die Fotografie von Menschen.

Egal, welche Sujets Sie bevorzugen: Für ausgefuchste Lichtführungen sollte der Raum etwa doppelt so groß sein, als Sie eigentlich vermuten: Nur dann ist auch die freie Positionierung der Leuchten seitlich und hinter dem Motiv möglich.

Auf die Raumhöhe hat man selten Einfluss, doch auch hier gilt: Je höher, desto besser – so können die Leuchten auch einmal von oben eingesetzt werden.

Ganz wichtig sind die Wandfarben – farbige Wände wirken sich fatal aus. In Frage kommt nur reines Weiß! Das ist deshalb so wichtig, weil sich sonst die Farbe, in der die Wand gestrichen ist, als Farbstich auf Ihren Fotos zeigt.

Schließlich sollte der Raum eine Verdunkelung erlauben. Diese Aufgabe können dichte Vorhänge oder ein Rollo übernehmen. Auf diese Weise wird sichergestellt, dass die Lichtführung (Fotolampe oder Pilotlicht des Studioblitzes) auch an hellen Tagen gut beurteilt werden kann.

6.5.2 Aufheller und Neger

Aufhellwände eignen sich oft besser als eine zweite Leuchte zur Schattenaufhellung, denn damit können unliebsame Doppelschatten vermieden werden. Weiterhin kann der Effekt einer großflächigen Leuchte imitiert werden, indem eine kleine Leuchte indirekt gegen die große Reflexionsfläche gerichtet wird.

Die Oberfläche eines Aufhellers respektive jede Reflexfläche wirkt ganz ähnlich wie auch die eines Reflexschirms: Weiße Oberflächen reflektieren weiches und neutrales Licht. Silberbeschichtung reflektiert sehr brillantes Licht, das Struktur und Farben betont; ideal ist das für technische Sachaufnahmen, bei denen hohe Brillanz

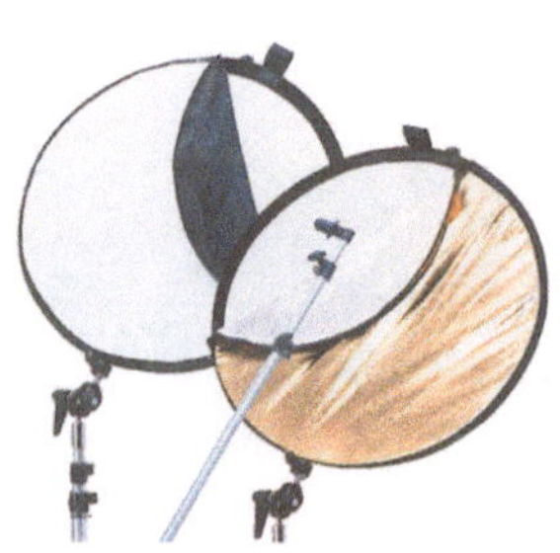

Foto:
Hensel Studiotechnik

und Farbtreue erwünscht ist. Und goldfarbene Beschichtungen reflektieren ein warm getöntes Licht, das Hauttöne vorteilhaft zur Geltung bringt.

Für den Anfang kann man sich mit preiswerten Styroporplatten aus dem Baumarkt behelfen. Sie sind ausgezeichnete Aufhellwände, die sich zudem aufgrund des geringen Gewichtes besonders leicht handhaben lassen. Wenn Sie eine Seite mit zerknitterter Alufolie bekleben, dann haben Sie zusätzlich eine hochreflektierende Fläche mit diffuser Lichtstreuung. Und schwarz angemalt (mit Abtönfarbe) erhalten Sie einen „Neger", mit dem sich unerwünschtes Licht abschatten lässt.

6.5.3 Hintergrund

Der Hintergrund im Studio hat vorrangig zwei Aufgaben. Er soll das Motiv entweder möglichst deutlich vor neutralem Hintergrund zeigen (freistellen) oder ihm einen zusätzlichen interessanten Aspekt verleihen, ohne dabei zu dominant zu werden. Eine erweiterte Form ist die „Location". Hier wird ein passendes Ambiente als Hintergrunddekoration gewählt, das dem Motiv seinen Stempel aufdrückt, ihm Atmosphäre und Stimmung verleiht.

Ein Laib Brot etwa, vor neutralem Hintergrund fotografiert, wirkt leicht langweilig, obwohl auch hierbei mit Lichtführung und Ausschnittwahl dramatische Fotos denkbar sind. Doch derselbe Laib Brot, auf ein Holzbrett gelegt und mit Accessoires wie Messer, Krümeln usw. dekoriert, wird eine ganz andere Wirkung zeigen.

Oder eine Porträtaufnahme: Vor neutralem Hintergrund werden auch hier wieder erhöhte Anforderungen an Lichtführung und Komposition gestellt, wenn es sich von einem Passbild unterscheiden soll. In einem Wohnraum aufgenommen, mit einem Blumenstrauß, einem Bild oder einer Bücherwand als Hintergrund wird die porträtierte Person in ein ganz anderes Umfeld gestellt und durch geeignete Wahl der Requisiten lässt sich gleich noch eine ganze Menge über die Person erzählen.

Als erste Farbe empfiehlt sich weiß als neutraler Hintergrundkarton. Vergewissern Sie sich, dass im Weiß keine optischen Aufheller enthalten sind. Für besondere Effekte oder Absichten kann dann noch eine weitere Farbe in Betracht gezogen werden. Gehen Sie mit solch farbigem Hintergrundkarton jedoch bedächtig um, denn in der Regel soll das Motiv wirken, nicht das Umfeld. Die Breite

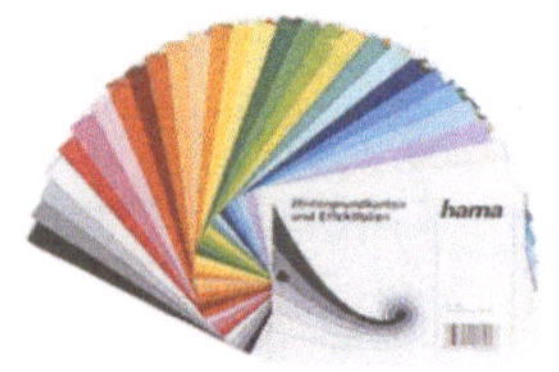

Foto: Hama

(1,35 m, 2,75 m oder 3,60 m) wählen Sie entsprechend der Motivgröße aus. Die Länge liegt typischerweise bei 10 m.

Achten Sie darauf, dass der Hintergrundkarton einen Pappkern hat – dann brauchen Sie keine teuren Achsen.

Am einfachsten und billigsten ist es, wenn Sie die Rolle an einem kräftigen Holzstab in ausreichender Höhe vor eine geeignete Wand hängen. Sollen bis zu drei Rollen komfortabel abgerollt werden, dann können Sie sich überlegen, eine Hintergrundhalterung zu kaufen. Ganz besonders bequem ist, wenn Sie zudem noch eine Beschwerungsschiene für jede Rolle haben – es geht aber auch mit Wäscheklammern oder anderen Gewichten. Irgend etwas benötigen Sie aber auf jeden Fall, um das freie Ende des Kartons zu beschweren, denn er war eng um die Rolle gewickelt und die Rolltendenz ist ganz erheblich.

Mit einem speziellen Hintergrundträger wird der Fotograf unabhängig von einer fest installierten Halterung und kann den Hintergrundkarton an jedem gewünschten Ort einsetzen. Der Hintergrundträger wird dazu einfach auf ein Lampenstativ montiert (über den Anschlusszapfen oder das Gewinde 3/8 Zoll) und der Karton eingelegt. Im Träger sind Rollen integriert, auf denen der Karton aufliegt und bequem ausgezogen wie auch wieder eingerollt werden kann. Wird breiter Hintergrundkarton verwendet, ist es empfehlenswert, zwei Hintergrundträger zu verwenden, um die Stabilität zu erhöhen.

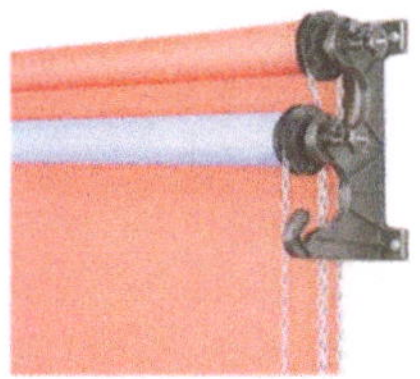

Foto: Hama

Zum Fotografieren rollen Sie dann die Rolle soweit ab, dass der Karton in einem weichen Bogen bis auf den Fußboden oder bis zum Aufnahmetisch herunterläuft. Jenes Stück Karton, auf dem das Objekt liegt oder steht, wird schnell schmutzig und zerrissen. Mit einem Universalmesser schneidet man diesen Teil ab und hat dann das nächste Mal wieder einen frischen sauberen Hintergrund. Je nach Gesamtlänge der Rolle haben Sie mehr oder weniger lang Nutzen daran.

Auf glatten Böden (Kunststoff, Parkett, Kacheln) rutscht der Karton sehr leicht und Menschen, die darauf stehen, befinden sich in ständiger Rutschgefahr. Bewegte Aufnahmen sind kaum möglich. Wenn Sie ein Stück „Teppichstopper" unterlegen, der just dies Rutschen von Brücken auf Parkett verhindern soll, bleibt auch der Hintergrundkarton liegen.

Neben einfarbigem neutralem Hintergrund sind auch viele andere Hintergründe erhältlich. Besonders für den Bereich der Table-

Top- und Sachfotografie werden unzählige Hintergrundausführungen als Formatware in Größen von ca. 50 x 80 cm bis 200 x 300 cm angeboten. Verlaufende Hintergrundfarben und Effekt-Hintergründe finden sich da zum Beispiel. Zusätzlich gibt es transparente Folien mit aufgedrucktem Muster – zum Beispiel einem perspektivischen Gitter – die dann über einen beliebigen farbigen Fonds gelegt werden können.

Außer den Hintergrundmaterialien, die vom Fotofachhandel speziell für diesen Zweck angeboten werden, gibt es viele weitere Materialien, die sich hervorragend als Hintergrund eignen. Je nach Motiv und beabsichtigter Wirkung kommen eine Vielzahl Dinge in Frage: Holzbretter, farbige Plastikfolien, Tapeten, Geschenkpapiere, Fußbodenbeläge, Gitterroste, Tücher jeder Art und Farbe. Selbst das einfache Bettuch ist geeignet. Farbige Stoffe etwa bekommen Sie preiswert in Textilgeschäften. Futtertaft ist das billigste Material.

6.5.4 Aufnahmetisch

Für das Fotografieren kleinerer Gegenstände bieten Hersteller wie Kaiser Fototechnik oder auch Novoflex kleine Aufnahmetische an, die das große Zimmerstudio gewissermaßen auf den Wohnzimmertisch befördern.

Die Einheit aus Aufnahmetisch und Halterung für Hintergrund macht es zu einer regelrechten Bühne für die Fotografie kleinerer Gegenstände, auf der Motive inszeniert und ins rechte Licht gerückt werden können.

Foto: Kaiser Fototechnik

Reproduktion, Table-Top, Stillife, Modellaufnahme, die Fotografie von Metallen, Edelsteinen oder Schmuckstücken, schattenfreier Hintergrund und optimale Materialwiedergabe: Was schwierig war, wird einfacher und sicherer beherrschbar.

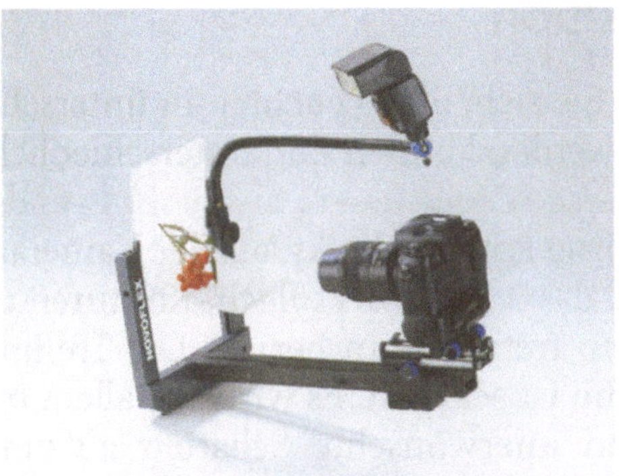

Foto: Novoflex

Wer viel und oft in diesen Größenbereichen fotografiert – etwa für Internetauktionen – findet in so einem Aufnahmetisch ein praktisches Hilfsmittel.

6.6 Lichtführung

6.6.1 Lichtposition

Vergegenwärtigen Sie sich, dass Leuchten in unterschiedlichen Positionen aufgestellt werden können und unterschiedlich wirken:

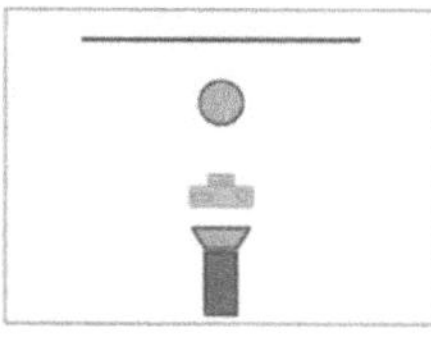

- Auflicht von vorne kommt direkt aus der Kameraachse, ist nahezu schattenfrei, das Motiv wirkt flach, Konturen und Strukturen von Oberflächen treten kaum hervor. Die Trennung von Motiv und Hintergrund ist schlecht. Es wird vor allem benutzt, um unvorteilhafte und unerwünschte Schatten aufzuhellen bzw. die Allgemeinbeleuchtung zu übernehmen, wenn Effektlichter für die notwendige Spannung sorgen.

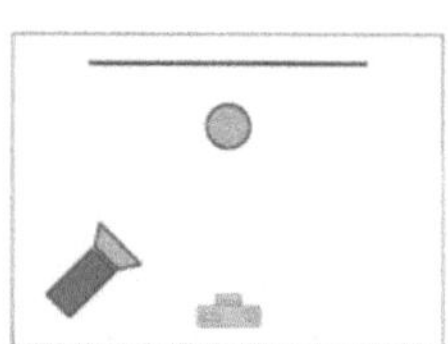

- Seitenlicht bringt starke plastische Modulation und wird in der Regel zur Aufhellung von Schattenpartien eingesetzt oder um Materialstrukturen deutlich herauszuarbeiten. Eine Sonderform ist Streiflicht von unten. Damit werden bei Porträts „unheimliche" Effekte erzielt.

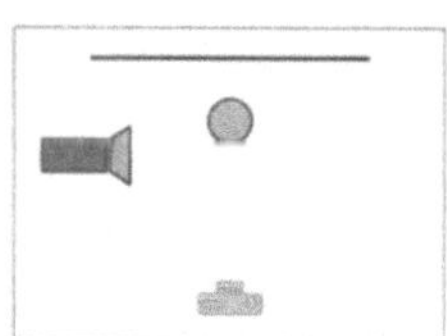

- Streiflicht wird im Winkel von exakt 90° eingesetzt. Starke Schattenmodulation macht Strukturen und Konturen deutlich sichtbar. Wozu gerichtetes Streiflicht fähig ist, das erkennen Sie, wenn Sie sich einmal ins Gedächtnis rufen, was plötzlich sichtbar wird, wenn die Sonne schräg durchs Fenster fällt: Die Rauchschwaden der Zigarette, vorher kaum oder gar nicht sichtbar, ziehen dann überdeutlich durch den Raum. Und auf den Glasscheiben des Fensters ist plötzlich jede Stelle überdeutlich auszumachen, die nicht sorgfältig geputzt worden ist; Streifen und Schlieren werden genau sichtbar.

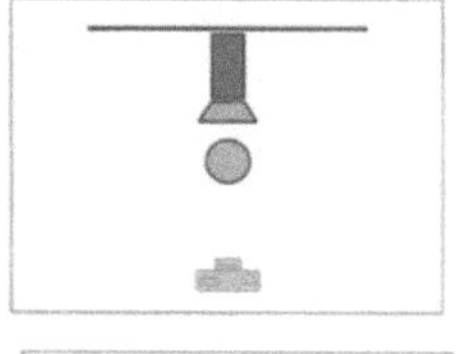

- Gegenlicht löst das Motiv vom Hintergrund und erzeugt einen Lichtsaum. Achten Sie aber darauf, dass der Lichtsaum nicht zu einer unschönen Überstrahlung wird.

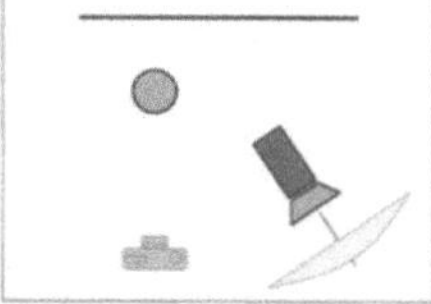

- Indirektes Licht: Die Leuchte wird gegen die Wand, die Decke oder einen Reflektor (Styroporplatte, Reflexschirm) gerichtet und strahlt das Motiv indirekt an. Sehr weiches und gleichmäßiges Licht.

6.6.2 Lichtcharakteristik

- Hauptlicht, auch Führungslicht genannt, ist gerichtetes Licht, das durch die beabsichtigte Schattenwirkung für plastische Bildwirkung sorgt. Es setzt das Licht in etwa so, wie wir es vom Sonnenlicht her gewohnt sind, wirkt also „natürlich". Das Hauptlicht wird zuerst festgelegt und ihm haben sich alle weiteren Lichtquellen unterzuordnen.
- Spotlicht ist ein streng gerichtetes Licht mit engem Austrittsbündel, das, als Effektlicht eingesetzt, Details hervorheben kann. Wird es als einzige Lichtquelle eingesetzt, zeigt es einen scharfen Schattenwurf und ist für Low-Key-Aufnahmen geeignet. Mit anderen Lichtquellen zusammen ist es gut geeignet als Akzentlicht von der Seite oder von hinten, um Glanz in die Haare zu legen oder den Körperumriss mit einem Lichtsaum zu versehen.
- Flächenlicht liefert eine gleichmäßige und weiche Ausleuchtung ohne akzentuierten Schattenwurf sowie eine gleichmäßige Helligkeit über die gesamte beleuchtete Fläche. Diese Charakteristik ist mit entsprechenden Leuchten oder Streuscheiben bzw. Reflexschirmen vor einer Lichtquelle erzielbar. Bei hellen Decken kann auch eine starke Leuchte, indirekt gegen die Decke gerichtet, eine diffuse Beleuchtung ergeben. Faustformel: Je größer die Leuchtfläche, desto weicher ist das Licht. Je kleiner, desto härter.
- Aufheller kann entweder eine leistungsschwächere Leuchte oder eine Aufhellwand sein. Damit werden Schatten so aufgehellt, dass der Kontrast zwischen hellen und dunklen Bildstellen so weit gemildert ist, dass sich eine gute Bilddurchzeichnung ergibt, ohne dass sich dabei die Lichtstimmung verändert. Wählen Sie die Aufhellung im Zweifelsfall lieber zu schwach als zu stark, da sich sonst der gleiche Effekt zeigt wie bei frontalem Blitz: Eine flache Bildwirkung.

Für digitale Aufnahmen sollte die Lichtführung etwas weicher als gewohnt gehalten werden, denn der CCD reagiert ähnlich kontrastreich wie ein Diafilm. 

Besonders helle bzw. stark reflektierende Stellen des Motivs können ansonsten – besonders bei der Verwendung älterer digitaler Kameras – den so genannten „Blooming-Effekt" bewirken, was als Überladung des Chips erklärt werden kann. Hier erhalten die einzelnen Sensoren zu viel Licht (Elektronen) und sind nicht mehr in der Lage, daraus eine verwertbare Bildinformation zu gewinnen.

Die neue Generation der CCDs vermeidet Blooming recht zuverlässig, da hier jegliche Ladung oberhalb der Sättigungsgrenze durch eine Kurzschlussschaltung vermieden wird.

6.6.3 Licht einrichten

Wenn Sie die Leuchten postieren und deren Leistung einregeln, dann arbeiten Sie vom Dunklen ins Helle! Schalten Sie nicht etwa alle Leuchten an, um dann ziellos die Lichtleistung zu regeln, sondern beginnen Sie mit dem Hauptlicht. Wenn das steht, kommt die nächst wichtige Lichtquelle usw.

Es müssen jedoch nicht immer mehrere Leuchten eingesetzt werden. Die natürliche Beleuchtung besteht auch nur aus einer Lichtquelle, nämlich der Sonne. Und schon da sind die möglichen Variationen vielfältig: Je nach Sonnenstand, Witterung (klar, wolkig, bedeckt) und Farbtemperatur (Abendrot) ergeben sich unzählige Spielarten aus einer einzigen Lichtquelle.

Die Sonne ist unser absolutes Vorbild, an dem sich unser Vorstellungsvermögen orientiert. Und sie scheint immer von oben oder schräg von oben. Nie von unten. Auch bei Kunstlichtbeleuchtung orientiert sich der Betrachter an dem, was er kennt. Dem sollte auch die Lichtführung bei Kunstlicht entsprechen.

Postieren Sie zuallererst das Führungslicht, dem sich später jede andere Leuchte unterzuordnen hat. Doppelschatten und unnatürliche Lichtwirkungen sind normalerweise zu vermeiden. Es muss der allgemein angestrebten Lichtqualität entsprechen. Hart und gerichtet oder weich und diffus.

Eine weiche Lichtführung wirkt anheimelnd, beruhigend und romantisch, während eine harte Lichtcharakteristik Spannung ins Bild bringt, aufregend und bedrohlich wirken kann.

Auch die anderen Leuchten richten sich nach dieser Maxime, die das Führungslicht vorgibt. Sie unterstützen oder akzentuieren die Charakteristik. Achten Sie neben den Lichtern auch auf die Schatten – etwa den Nasenschatten bei Porträts.

Besonderes Augenmerk ist der Lichtverteilung von hell nach dunkel zu schenken, denn das Auge passt sich einem Lichtverlauf sehr gut an, die Kamera weniger. In die Praxis übertragen bedeutet das: Wenn Ihr Motiv nur von einer Lichtquelle seitlich beleuchtet wird, dann ist die Gefahr groß, dass es ungleichmäßig ausgeleuchtet ist. Auch wenn das auf den ersten Augen-Blick nicht so scheint.

6.6.4 Lichtführung im Nahbereich

In der Nah- und Makrofotografie braucht es besonders ausgeformte Leuchten. Hier ist hohe Leistung nicht so wichtig, denn die Abstände sind kurz und die auszuleuchtenden Flächen klein.

Dieser Kleinheit haben sich auch die Leuchten anzupassen. Große Leuchten lassen sich nicht nur schwierig positionieren, weil der Freiraum zwischen Objektiv und Objekt klein ist, sondern ihre Leuchtfläche ist auch so groß, dass ihnen der Charakter einer Lichtwanne anhaftet.

Ansonsten unterscheidet sich die Lichtführung nicht wesentlich von anderen Sparten der Fotografie. Absolute Schattenfreiheit ist auch in der Makrofotografie nur selten anzustreben. Erst ein leichter Schatten kann die Höhendimension auf einer Computerplatine deutlich machen. Schattenfrei ausgeleuchtet wirkt sie flach.

Als mögliche Leuchtquellen kommen Makroblitzgeräte oder Kaltlichtleuchten in Frage. Siehe auch *6.4.3 Kaltlichtleuchte*.

Ring-Kaltlichtleuchte mit weißen LEDs Foto: Nikon

Mit einem Ringblitz kann das Objekt zunächst einmal völlig gleichmäßig – das heißt aber auch etwas langweilig – ausgeleuchtet werden. Vorteilig ist dabei die gute Detailwiedergabe, weshalb es sich für dokumentarische und wissenschaftliche Fotografie anbietet.

Sollen Lichteffekte gesetzt werden, dann können bei manchen Modellen die Blitzröhren einzeln geschaltet werden, um Seitenlicht von links oder rechts zu erhalten. Zum besseren Scharfstellen ist ein Ringblitzgerät mit Fokussierleuchten anzuraten.

Interessant ist die Kombination des normalen Blitzgerätes mit dem Ringblitz. Die Lichtführung im Makrobereich kann dann mit den beiden Geräten vielfach variiert werden. Sind die Blitzgeräte TTL-gesteuert, ist auch die Belichtung kein Problem. Auf-, Seiten, Durch-, Gegenlicht usw. werden möglich. Unter Umständen ist dabei die hohe Leistung eines Blitzgerätes durch eine Streufolie, die im einfachsten Fall aus einem Papiertaschentuch bestehen kann, zu mindern. Aufgrund der TTL-Messung ergeben sich keine Probleme bei der Belichtungsermittlung.

6.6.5 Hellfeldbeleuchtung

Um Überstrahlungen besonders bei transparenten Motiven auszuschließen, eignet sich die Hellfeldbeleuchtung: Dazu wird hinter dem Motiv eine hochreflektierende weiße Fläche angebracht. Sie – und nur sie – wird beleuchtet und es wird durch das transparente Motiv hindurch diese helle Fläche anvisiert. Damit entfallen Probleme bei der Anordnung der Leuchten, die bei Gegenlicht nicht ganz einfach ist, wenn die Leuchte nicht im Bildfeld erscheinen soll.

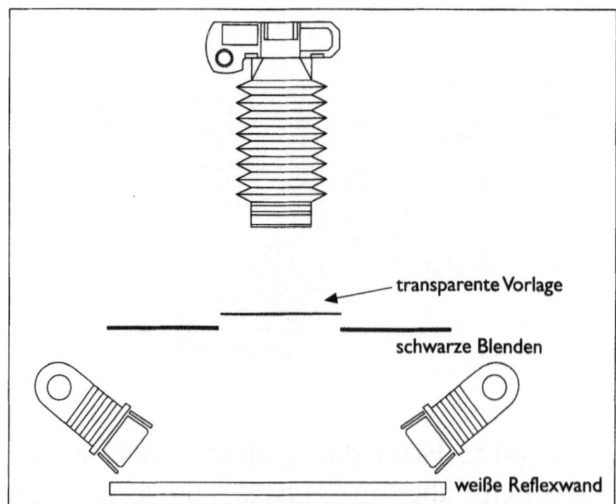

Alternativ kann stattdessen auch eine opake Milchglasscheibe von hinten beleuchtet werden. Die Lichtausbeute ist auf diese Weise etwas höher.

Aparte Variationen ergeben sich, wenn statt der weißen Fläche ein oder mehrere Farbstreifen bzw. -kartons angeleuchtet werden, vor denen das Objekt aufgestellt wird.

6.6.6 Dunkelfeldbeleuchtung

Genau entgegengesetzt wird die Dunkelfeldbeleuchtung realisiert: Hier wird hinter dem Objekt eine mattschwarze Fläche angebracht. Schwarzer Samt ist dazu ausgezeichnet geeignet. Die Leuchten sind seitlich so postiert, dass sie unsichtbar sind und nicht überstrahlen.

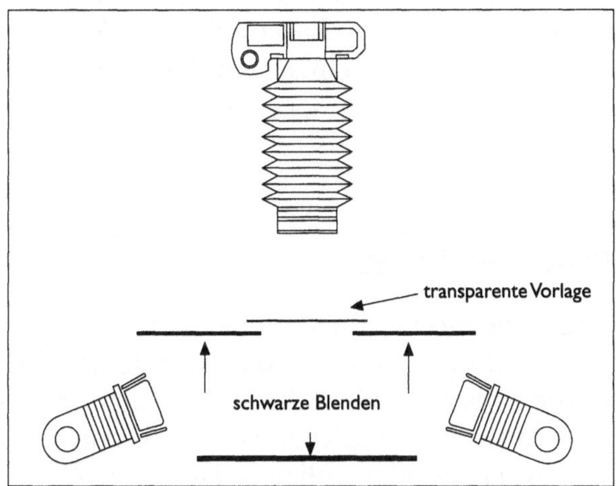

Mit der Dunkelfeldbeleuchtung können feinste Strukturen sichtbar gemacht werden wie mit keiner anderen Beleuchtungsart: Bei normalem Auf- oder Seitenlicht wird das Objekt angestrahlt, bei der Hellfeldbeleuchtung wird es durchstrahlt. Bei der Dunkelfeldbeleuchtung aber strahlt es selber gegen den schwarzen Hintergrund. Voraussetzung ist natürlich ein halbtransparentes bzw. transparentes Motiv.

6.6.7 Lichtzelt

Schattenfreie Beleuchtung lässt sich mit Auflicht (Vorderlicht) erzielen, das mehr oder weniger direkt aus der Kameraachse strahlt. Besonders bei hochreflektierenden Objekten wie Schmuck, Edelsteinen genügt das aber oft noch nicht, da sich hier die gesamte Umgebung im Motiv spiegelt. In solchen Fällen ist ein Lichtzelt hilfreich, das so um das Motiv herum so aufgebaut wird, dass gerade ein Loch für das Objektiv frei bleibt.

Lichtzelte lassen sich kaufen oder aus Diffusionsfolie selbst herstellen. Die Folie kann dabei je nach Bedarf zu den unterschiedlichsten Körpern geformt werden: Kegel, Zylinder, Würfel usw. sind schnell hergestellt. Außerhalb des Lichtzeltes werden die Leuchten gleichmäßig so verteilt, dass sich die gewünschte Lichtführung ergibt. Mit schwarzen Kartonstreifen kann das Licht ganz gezielt abgehalten werden.

Wer oft so ein Lichtzelt für kleine Gegenstände benötigt, kann sich eine kugelförmige Opallampe, wie sie als preiswerte Badezimmerlampe angeboten wird, vom Glaser aufschneiden lassen und erhält so ein halbkugelförmiges Lichtzelt. In der einen Hälfte ist dann sogar schon das Loch für die Kamera: Da, wo eigentlich die Glühlampe hindurch passte.

Foto: Lastolite

6.6.8 Polarisiertes Licht

In der Nah- und Makrofotografie ist polarisiertes Licht von besonderem Interesse. Weithin bekannt ist, dass mit dem Polfilter Reflexe unterdrückt werden können. Sie sollten dabei nicht nur an Spiegelungen denken, wie sie in Schaufensterscheiben auftreten. Sondern auch an Wasser, an nasses oder poliertes Holz, an Blätter. Die beste Wirkung zeigt das Polfilter, wenn die Kamera im Winkel von etwa 30° zur Fläche geneigt ist, die es zu entspiegeln gilt. Bedenken Sie dabei, dass nicht immer die volle Wirkung auch die beste ist.

Die einzigen Objekte, bei denen ein Polfilter zunächst keine Wirkung zeigt, haben selbst polarisierende Oberflächen – Metalle zum Beispiel.

Auch solche Objekte können entspiegelt werden, wenn polarisiertes Licht benutzt wird. Dazu muss sich ein Polfilter vor dem Objektiv und eine Polfilterfolie vor der Leuchte befinden. Der Lichtverlust ist erheblich, da jedes Polfilter die Lichtleistung um rund 1,5 Blendenstufen reduziert.

Polarisiertes Licht wird aber auch zur Spannungsdarstellung an Glas und transparenten Kunststoffen angewandt. Cellophanfolie etwa, im polarisierten Licht aufgenommen, zeigt alle Regenbogenfarben. Wunderschöne Farbeffekte lassen sich mit dieser Beleuchtung auch bei auskristallisierten Salzen hervorrufen.

Für die Leuchten eignen sich Polfilterfolien, wie sie beispielsweise die Firma Heliopan (www.heliopan.de) in verschiedenen Stärken und Abmessungen im Programm hat. Vor das Objektiv gehört ein gutes, planparalleles und vergütetes Glasfilter.

Angeboten werden zirkulare und lineare Polfilter, wobei die Wirkungsweise dieselbe ist. Welche Ausführung man benötigt, hängt von der Kamera ab: Kameras mit TTL-Messung und Autofokus benötigen aufgrund des Messsystems auf jeden Fall ein zirkulares Polfilter. Im Zweifel weiß die Bedienungsanleitung Genaueres.

Ansonsten kann das (preiswertere) lineare, aber ebenso gut das zirkulare Polfilter benutzt werden.

6.7 Ausrüstungsvorschlag

Hier eine Auflistung all der Dinge, die Sie für das eigene kleine Studio benötigen, das sich übrigens auch zeitweise in einem Wohnraum einrichten lässt:

- 2 bis 3 Studioleuchten oder -blitzgeräte (Lampen sind preiswerter, Blitzgeräte vielseitiger dank Tageslichtcharakteristik und umfangreicherem Reflektorangebot).
- 1 Normalreflektor.
- 1 Spotreflektor.
- 2 Leuchtenschirme (goldfarbige Beschichtung gibt schönen Hautton).
- 1 Softbox (nicht zwingend notwendig).
- Wabenfilter (gut für Verläufe, nicht zwingend notwendig).
- Je Leuchte 1 Lampenstativ.
- Verschiedene farbige und hitzebeständige Effektfolien.
- Styroporplatten als Aufhellwände.
- Hintergrundkarton.
- Halterung für Hintergrundkarton.
- Graukarte.
- Blitz- bzw. Handbelichtungsmesser.
- Stativ.

6.8 Setup für Sachaufnahmen

Hier eine Kurzzusammenfassung, die es Ihnen mit der vorhandenen Ausrüstung erlaubt, bestmögliche Sachaufnahmen zu machen. In der vorgestellten Form eignet es sich sehr gut für einfache, klare Sachfotos, wie sie etwa für die Internetauktion geeignet sind. Mit etwas mehr Arrangement und Lichtgestaltung sind Sie dann aber auch schon mitten im Stilleben.

- Kamera kommt aufs Stativ; so lässt sich besser arrangieren, kontrollieren und einstellen.
- Das Objekt wird vor einem neutralen Hintergrund (weiß, hellgrau) postiert, der nicht vom Motiv ablenkt. Ideal ist ein Karton in passender Größe, der zur Hohlkehle geformt wird: Das Stück wird darauf freigestellt und wirkt im Foto „schwebend", keine Kanten irritieren das Betrachterauge.
- Das Licht fällt gleichmäßig ein; möglichst wenig oder gar keine Schatten. Bei zwei Leuchten/Lichtquellen ist das Führungslicht heller, die andere hellt die Schatten des Führungslichts auf.
- Weißabgleich entweder manuell oder auf richtige Lichtart eingestellt; der automatische Weißabgleich zeigt vor allem bei Kunstlicht oft Schwächen.
- Zeitautomatik, um die Blende und damit die Schärfentiefe einstellen zu können. Oder bei Studioblitzgeräten manuelle Einstellung von Blende und Verschlusszeit.
- Los geht's.

Fotos digitalisieren

7.1 Analoge Vorlagen digitalisieren

Die Fotos, die mit der digitalen Kamera aufgenommen wurden, sind in Sekundenschnelle in den Computer eingelesen und damit stehen viele Möglichkeiten von der gezielten Bearbeitung über die perfekte Ausgabe bis hin zur übersichtlichen Archivierung offen.

Doch was ist mit den alten, den analogen Vorlagen?

Wenn Sie eine digitale Kamera oder einen Scanner besitzen, liegt es nahe, diese Geräte zur Digitalisierung zu nutzen. Die Reproduktion mit einfachen Mitteln lässt sich mit geringen Investitionen realisieren.

Und Sie können dann historisches respektive analoges Bildmaterial in die neue Technologie transferieren und damit dem altem Material via Digitalisierung die neuen Möglichkeiten erschließen.

7.2 Digitalisieren mit der Kamera

Wenn Ihnen ein Flachbett- oder Filmscanner (oder beides) fehlt, Sie aber eine (idealer Weise hoch auflösende) digitale Kamera besitzen, so können Sie Negative, Dias und Bilder auch digital reproduzieren – was nichts anderes bedeutet, als dass die Vorlage formatfüllend und exakt winkelig ausgerichtet abfotografiert wird. Die Kamera muss dazu für die Nahbereichsfotografie geeignet sein (das sind die allermeisten); ideal sind eine Spiegelreflex mit Makroobjektiv und ein Reprostativ.

7.2.1 Aufsichtvorlagen digitalisieren

Beachten Sie zu diesem Themenbereich auch die Hinweise im vorigen Kapitel unter *6.3 Reproduktion.*

Foto: Anagramm

Hier die Auflistung einer idealen Ausrüstung. Natürlich geht es auch mit weit weniger, wenn Ihnen ein wenig Fummeln und Basteln nichts ausmacht:

- Reprostativ mit Beleuchtungseinrichtung für gleichmäßiges und schattenfreies Licht. Das Reprostativ sollte eine Säule von etwa 1 Meter Länge haben, damit das Format DIN A4 noch formatfüllend abgebildet werden kann. Eine vielseitigere Lösung ist eine Wandhalterung für die Reprosäule und ein Grundbrett, das in der Höhe versetzt werden kann.
- Für noch größere Formate sollte der Reproarm schwenkbar sein, um die Kamera gegen Wand oder Boden richten zu können. Hier wird entweder mit (möglichst gleichmäßigem) Tageslicht fotografiert, oder aber die Beleuchtungseinrichtung muss dem größerem Format angepasst sein.
- Makroobjektiv, in der Reproduktionsfotografie erste Wahl.
- Einstellscheibe mit Gitterraster (Einstellscheiben sind bei professionellen SLR-Kameras wechselbar – bei manch digitaler Kamera lässt sich so ein Gitterraster auf Monitor oder Sucher einblenden): erleichtert das rechtwinklige und planparallele Ausrichten.
- Winkelsucher beziehungsweise schwenkbarer Sucher: bequemer Suchereinblick am Reprostativ.
- Fernauslöser: verhindert, dass die beim Auslösen unvermeidlichen Erschütterungen auf Kamera und Stativ übertragen werden.

Foto: Leica

7.2.2 Durchsichtvorlagen digitalisieren

Für die Reproduktion von Dias und Negativen sollten Sie sie formatfüllend abfotografieren können (Makroeinstellung oder Makroobjektiv). Als Lichtquelle kommen in Frage:

- Diaduplikator
- Leuchtkasten (Die Vorlage wird abmaskiert, um Streulicht zu vermeiden, das Kontrast und Farbsättigung mindert)
- Diffuse Lichtquelle (diffuses Tageslicht, Reprobeleuchtung, …)

Diaduplikatoren sind – für etliche Kameras – im Handel erhältlich. Sie werden vor das Objektiv respektive Makroobjektiv (der Spiegelreflexkamera) geschraubt und bieten eine pfiffige Haltevorrichtung für Negative und gerahmte Dias sowie einen verschiebbaren Tubus, mit dem die Schärfe und Bildausschnitt (ja – es lassen sich auch Bildausschnitte abfotografieren) sehr schnell korrigiert werden kann.

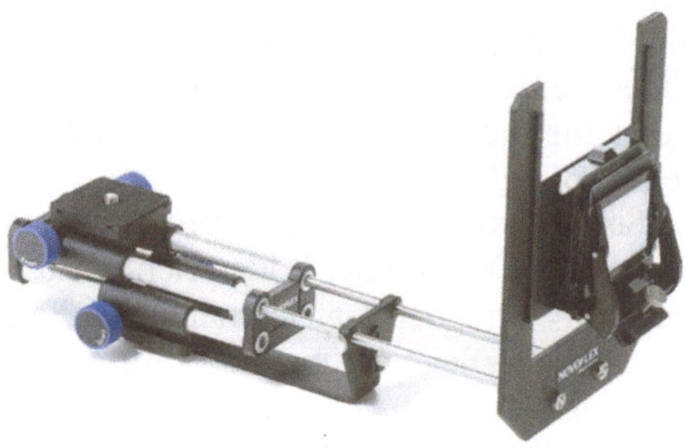

Foto: Novoflex

Sie können sich aber auch selbst einen Duplikator bauen, der zudem den Vorteil hat, dass er prinzipiell mit jeder Kamera funktioniert, die eine Makroeinstellung hat – und mit ihm lassen sich auch kleinere und größere Durchsichtvorlagen digitalisieren:

Dazu benötigen Sie ein Stückchen Milchglasscheibe oder eine vergleichbare Kunststofffolie in der passenden Größe und eine Rückbeleuchtung – dazu reicht schon ein Fenster.

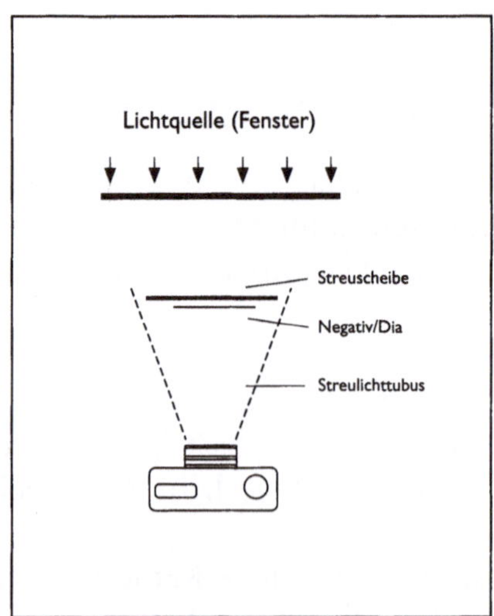

Das fragliche Dia oder Negativ befestigen Sie auf dieser Milchglasscheibe – vorsichtig an den äußersten Rändern und mit Tesastreifen. Achten Sie dabei auf exakte Planlage!

Wenn Sie einen (alten) Vergrößerer zu Hause stehen haben: seine Bildbühne ist eine ganz hervorragende Halterung für die Dias und Negative.

Dann postieren Sie die Kamera so, dass die Vorlage mit dem gewünschten Ausschnitt scharf erscheint.

Abschließend nehmen Sie noch ein größeres Stück mattschwarzen Kartons und rollen ihn so um das Objektiv, dass sich ein Tubus bildet, der bis zum Dia reicht. Zweck dieser Übung ist es, seitliches Streulicht so weit als irgend möglich fern zu halten. Licht soll nur von hinten auf die Vorlage fallen, schön gleichmäßig und gestreut durch die Milchglasscheibe.

Die „Falschfarben" des Negativs rechnen Sie dann in der Bildbearbeitung um. Auch dem Dia bekommt eine Verbesserung sicherlich.

7.3 Filmscanner

Eine preislich und qualitativ interessante Alternative zur Digitalisierung von Negativen und Dias via Kamera sind Filmscanner. Bei Preisen um 500 Euro können damit Kleinbilddias und -negative mit einer Auflösung von etwa 10 Millionen Bildpunkten digitalisiert werden.

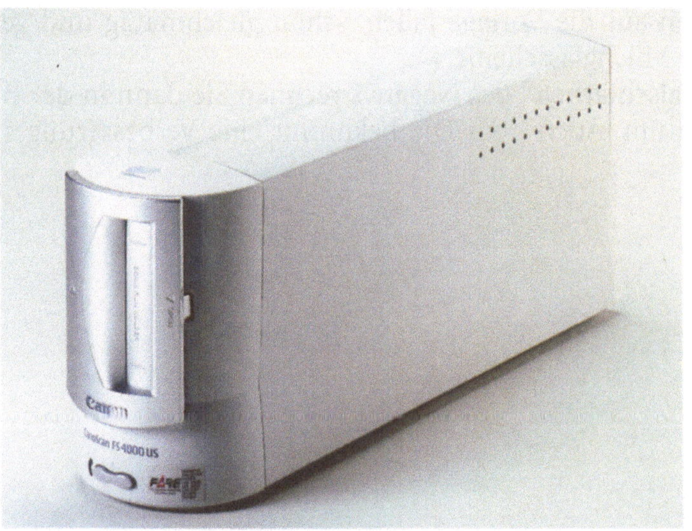

Foto: Canon

Mit Multiformat-Scannern können neben dem Kleinbildformat auch APS-, Mittelformat und sogar Großformatdias eingescannt werden – je größer die möglichen Scanformate, desto höher allerdings auch die Anschaffungskosten für so einen Scanner.

Ein Filmscanner sollte die gleichen Qualitätskriterien erfüllen wie sie im folgenden Abschnitt zum Flachbettscanner beschrieben sind.

7.4 Flachbettscanner

Am weitesten verbreitet sind Flachbettscanner, die mit einem CCD-Zeilensensor arbeiten, der das Bild zeilenweise abtastet. Dabei wird die Vorlage von einer Beleuchtungseinheit angestrahlt. Die Auflösung wird dabei durch die Anzahl der optischen Elemente in der Zeile und die Feinheit des Zeilenvorschubs festgelegt. So erklären sich zum Beispiel Auflösungen von 600 x 1200 dpi (Zeilendichte x Zeilenvorschub).

Foto: Canon

Um bei farbtüchtigen Scannern neben der Helligkeitsinformation der einzelnen Bildpunkte auch Informationen über die Farbe zu erhalten, gibt es drei Möglichkeiten:

- Beim Scanvorgang werden drei verschiedenfarbige Lichtquellen eingesetzt, auch hier muss das Bild dreimal nacheinander abgetastet werden.
- Der CCD-Zeile werden nacheinander drei Farbfilter (Rot, Grün, Blau) vorgeschaltet, die Vorlage wird dreimal nacheinander mit den verschiedenen Farben abgetastet.

- Die dritte Variante arbeitet mit einer eigenen CCD-Zeile mit vorgeschaltetem Filter für jede der drei Grundfarben. Die Vorlage muss dementsprechend nur einmal abgetastet werden.

Da bei den ersten beiden Varianten die Vorlage dreimal hintereinander gescannt werden muss, um die drei „Farbauszüge" (Farbkanäle) zu erhalten, werden hohe Anforderungen an die mechanische Präzision des Scanners gestellt, um Passerprobleme zwischen den einzelnen Scanvorgängen zu vermeiden.

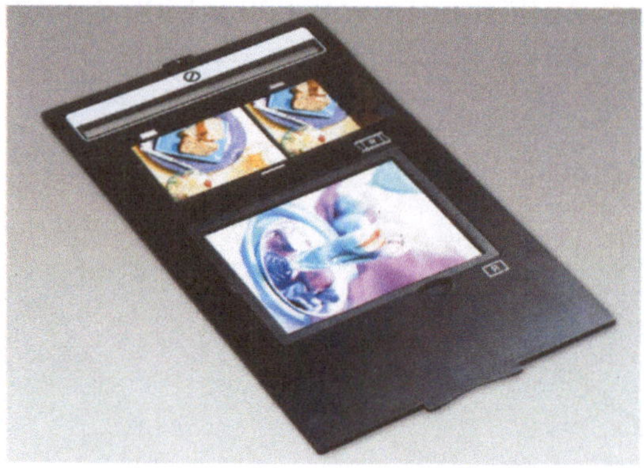

Schlitten für
Durchsichtvorlagen
Foto: Canon

Die meisten Flachbettscanner bieten eine zur Digitalisierung von Aufsichtvorlagen ausreichende Qualität. Je höher der Kontrastumfang des Originals und je höher die gewünschte Auflösung in der Digitalisierung, um so mehr muss auch investiert werden. Das bedeutet:

- Wenn der Scanner vom Kleinbild bis zur maximalen Bildgröße eine Dateigröße A4/300 dpi (ohne Interpolation) erzeugen kann, liegen Sie auf der sicheren Seite der Auflösung. Damit ist auch eine nahezu verlustfreie Interpolation auf die Standardformate A3/300 dpi sowie A5/300 dpi möglich.
- Kann der Scanner ein Kleinbilddia oder -negativ ohne Einbußen im Tonwert- und Farbwerteumfang digitalisieren, liegen Sie bei der Erfassung der Bilddynamik auf der sicheren Seite.

Hier trennen sich die preiswerten und die teuren, die guten und die besseren Scanner. Zum einen bieten nur etwas teurere Scanner bereits eine optimale Durchlichteinheit, die für Dias und Negative geeignet ist.

Zum anderen sind nur die besten Scanner in der Lage, auch bei Filmen die gesamte Farbigkeit und den gesamten Tonwertumfang (Dynamikumfang) wiederzugeben.

Ein guter CCD-Scanner zeichnet sich durch folgende Eigenschaften aus:

- Großer Dynamikbereich.
- Hohe Farbtreue.
- Hohe Auflösung.
- Ausgezeichnete Abbildungsschärfe.
- Wiederholbarkeit zur gleichmäßigen Reproduktion ähnlicher Vorlagen.
- Hohe Effizienz zum schnellen Scannen bei möglichst wenigen manuellen Einstellungen.

Lassen Sie sich nicht von Herstellerangaben blenden, die statt der physikalischen (optischen) Auflösung die interpolierte Auflösung herausstellen. 

Dabei arbeitet der Scanner nicht tatsächlich mit einer höheren Auflösung, sondern er scannt ganz herkömmlich und erzeugt die scheinbar höhere Auflösung durch Errechnung von Zwischenwerten. Dazu vergleicht die Software die Werte zwischen zwei Helligkeitseindrücken der CCD-Elemente und errechnet dazwischen einen dritten Wert.

7.5 Trommelscanner

Die Namensgebung verdeutlicht die Funktionsweise eines Trommelscanners: Auf einen transparenten Plexiglaszylinder werden Aufsicht- oder Durchsichtvorlagen aufgespannt und abgescannt. Während sich die Trommel in hoher Geschwindigkeit dreht, wandert ein optisches System mit integriertem Fotomultiplier entlang der Trommel und tastet die Vorlage in feinen Zeilen ab.

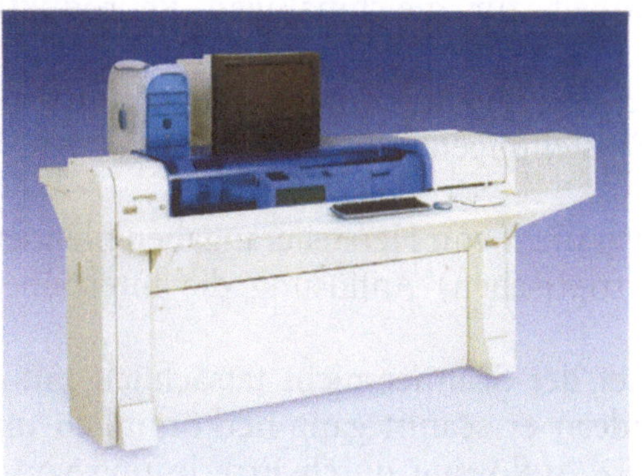

Fotos: Dainippon

Um das mit der notwendigen Präzision machen zu können, werden an den mechanischen Aufbau des Trommelscanners äußerst hohe Anforderungen gestellt. Aufgrund dessen sind Trommelscanner nach wie vor sehr teuer und reichen bis weit über 50.000 Euro.

Der Fotomultiplier hat gegenüber CCD-Wandlern einen ungleich größeren Dynamikumfang. Damit sind Fotomultiplier in der Lage, einen sehr großen Kontrastumfang umzusetzen und bleiben für wirklich professionelle Ergebnisse in Feinmodulation und Feinschärfe nach wie vor das Maß der Dinge.

Nun wird sich der private Anwender nicht unbedingt einen Trommelscanner hinstellen, es besteht aber durchaus die Möglichkeit, Vorlagen, an die höchste Anforderungen bezüglich der Digitalisierung gestellt werden, einer professionellen Firma zu übergeben. Diese Firmen lassen sich am leichtesten daran erkennen, dass sie hochwertige Bildverarbeitung anbieten. Natürlich hat eine solch hochwertige Digitalisierung auch ihren Preis.

7.6 Scan-Service via Photo CD

Wer die Arbeit des Scannens lieber anderen übergibt, sei es aus Zeit-, Kosten- oder Qualitätsgründen, der kann schon seit vielen Jahren auf Kodaks Photo CD und seit geraumer Zeit auch auf deren Ableger Pro Photo CD und neuerdings Picture CD zurückgreifen. Damit eröffnet sich eine preiswerte Möglichkeit, Originale in guter Qualität digitalisiert zu erhalten.

Der jüngste Spross in der Familie ist die Picture CD, die sich eher an Amateure mit nicht allzu hohen Ansprüchen richtet. Sie wird gleich mit den Bildern und der Filmentwicklung bestellt und die Fotos – nur Farbnegativfilm – eines Kleinbild- und APS-Films werden eingescannt. Mehrere „Sessions" wie bei der Photo CD sind nicht möglich.

Kleinbildnegative werden mit einer Auflösung von 1024 x 1536 Pixeln gescannt, Filme des Advanced Photo Systems (APS) mit 864 x 1536 Pixeln, was grob der Qualität einer 2-Megapixel-Kamera nahe kommt. Die Picture CD bleibt damit (deutlich) unter den Möglichkeiten moderner Digitalkameras und ob diese vergleichsweise niedrig aufgelösten Bilder ins digitale Archiv passen, muss jeder für sich selbst entscheiden.

Deutlich mehr bietet die Photo CD, auf der beliebige Fotos auch mehrmals nacheinander gespeichert werden können, bis die Kapazität von rund 100 Fotos erreicht ist. Als Vorlage kommen Schwarzweiß- und Farbnegative und –dias in Betracht.

Foto: Kodak

Auf einer Photo CD werden die bis zu 100 Kleinbildnegative oder -dias in fünf verschiedenen Auflösungen abgespeichert, das reicht vom so genannten „Indexprint" mit 192 x 128 Pixeln bis hin zur „Base 16/1" mit Fotoqualität bei 3072 x 2046 Pixeln.

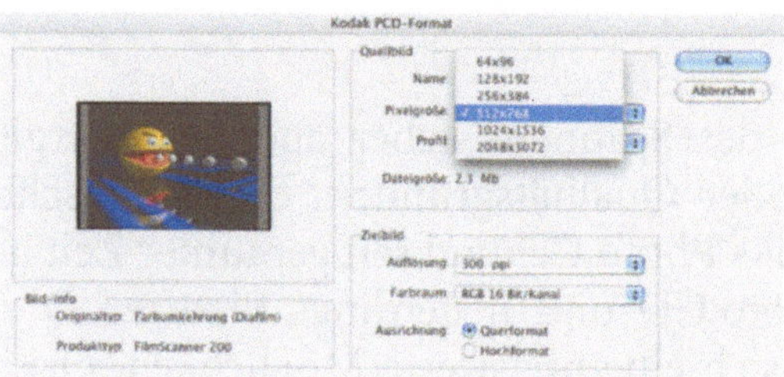

Die Photo CD enthält dasselbe Foto in verschiedenen Auflösungen.

Die Pro Photo CD enthält zusätzlich zu den Auflösungen der Photo CD noch eine weitere Variante „Base 64", bei der das Foto mit 6144 x 4086 Pixeln eingescannt wird. Darüber hinaus ist es möglich, Bildformate bis zu 4 x 5 inch (ca. 9 x 12 cm) einzuscannen und auf Pro Photo CD zu speichern.

Um solche Datenmengen auf einer CD-ROM unterzubringen, müssen die Bilddaten komprimiert werden, fasst die CD-ROM doch nur etwa 650 Megabyte. Kodak bedient sich dazu eines Kompressionsverfahrens, bei dem keine wichtigen Bildinformationen verloren gehen.

Die Firma Kodak bezeichnet das Ganze als „scheinbar verlustfrei", was bedeuten soll, dass bei der Komprimierung zwar durchaus ein Bildverlust auftritt, dieser aber in Bildbereiche gelegt worden ist, wo er vom menschlichen Auge nicht wahrgenommen wird.

Was in der Praxis nichts anderes bedeutet, als dass die Photo CD ein zwar sehr guter Bilddatenträger ist, an die Qualität eines High-End-Scans aber nicht ganz herankommt.

Verstehen Sie diese Scans als Rohdaten. Wenn Sie Topqualität verlangen, müssen diese Daten noch mit einem Bildbearbeitungsprogramm aufbereitet werden.

7.7 Hinweise zum Digitalisieren

Soeben wurden die möglichen Wege aufgezeigt, eine analoge Aufsicht- oder Durchsichtvorlage zu digitalisieren. Unabhängig vom gewählten Verfahren respektive Gerät gilt es, die Vorlage richtig zu erfassen. Was dabei „richtig" ist, hängt von der Güte der Vorlage, von der Qualität des Geräts und vom angestrebten Zweck ab:

7.7.1 Vorlagenorientierte Scanauflösung

Die vorlagenorientierte Scanauflösung ist dann interessant, wenn Sie ausgabeunabhängig digitalisieren möchten. Das bedeutet, das Original soll in jedem Fall bestmöglich digitalisiert werden, für Archivzwecke zum Beispiel. Wie sich „bestmöglich" letztlich genau definiert, hängt natürlich von den Technischen Daten und der Güte Ihrer Geräte ab.

Es existieren etliche Formeln und es gibt viele Rechnungen, um zur optimalen Scanauflösung zu gelangen. Diesen Formeln und Rechnungen sind auch wir gefolgt, und mussten dabei nicht selten feststellen, dass die Berechnungen – setzt man andere Beispieldaten ein – keine logischen Resultate mehr ergeben. Dennoch haben wir alle sorgfältig durchgerechnet, wo notwendig berichtigt, und sind nach Durchrechnung vieler Formeln und Beispiele zu folgenden einfachen Faustregeln gelangt, die sich aus Formeln, Rechenergebnissen und Praxiserfahrung zusammensetzen. Technikerlatein ist nicht mehr notwendig, um optimale Ergebnisse zu erzielen.

- Digitalisieren Sie mit höchstmöglicher, aber sinnvoller Qualität und Auflösung.
- Berücksichtigen Sie bei der Digitalisierung die tatsächliche physikalische Eigenschaft Ihrer Vorlage. Keinesfalls lassen sich aus einer Vorlage mehr Informationen auslesen als drinstecken!

So zeigt beispielsweise ein Dia mit ISO 100/21°, verwacklungsfrei aufgenommen mit einem sehr guten Objektiv, eine Auflösung von durchschnittlich 100 Linien pro Millimeter (L/mm). Das bedeutet, diese Vorlage sollte idealer Weise auch mit einer Auflösung von 100 Linien pro Millimeter beziehungsweise 2540 ppi (pixel per inch) digitalisiert werden (100 L/mm * 25,4 = 2540 L/inch).

Gerechnet für das Kleinbildformat 24 x 36 mm ergibt sich damit eine maximal sinnvolle Digitalisierung von 2400 x 3600 Bildpunkten, was bei der Ausgabe in etwa der Größe DIN A4 bei 300 dpi entspricht (3600 dots / 300 dots per inch = 12 inch = 30,48 cm).

Hier einige Anhaltspunkte für verschiedene Vorlagen:

Diafilm ISO 50/18°	150 L/mm = 3810 ppi
Negativfilm ISO 100/21°	150 L/mm = 3810 ppi
Diafilm ISO 100/21°	100 L/mm = 2540 ppi
Diafilm ISO 400/27°	50 L/mm = 1270 ppi
Negativfilm ISO 400/27°	100 L/mm = 2540 ppi
Halbtonbild	25 L/mm = 635 ppi
Strichgrafik, Vektorbilder	maximale Auflösung

Strichgrafiken und Vektorbilder werden immer mit maximal möglicher Auflösung digitalisiert, denn je mehr Auflösung zur Verfügung steht, desto mehr Glätte erhalten Sie in den Elementen und desto weniger Treppen zeigen sich.

Die genannten Auflösungswerte für verschiedene analoge Materialien orientieren sich nicht am theoretischen Höchstwert (der mehr als doppelt so hoch liegen kann und unter völlig idealen Bedingungen auch in etwa erreicht wird), sondern an der in der Praxis realisierbaren Auflösung innerhalb der Aufnahmekette (Objektivgüte, Verwacklung, Motivkontrast, …).

Für Aufnahmen mit Spitzenobjektiven (Festbrennweite) und bei auch sonst optimalen Aufnahmevoraussetzungen wie der Benutzung eines hervorragenden Stativs können obige Anhaltspunkte deshalb verdoppelt werden.

An diesen Anhaltspunkten offenbart sich auch Interessantes, was den Qualitätsvergleich analog – digital angeht: Eine digitale Aufnahme mit einer Auflösung von 2700 x 1800 Bildpunkten entspricht danach einer analogen Kleinbildaufnahme mit Film ISO 100/21° (bei 75 Lp/mm Auflösung des Films und vergleichbarer Objektivgüte). Das ist in beiden Fällen schon ziemlich gut. Und richtig gut – sorgfältige Aufnahmetechnik vorausgesetzt – sind ISO 50/18° respektive 3000 x 4500 Bildpunkte. Da kommt selbst die Doppelseite DIN A4 (= A3) in sehr guter Qualität.

7.7.2 Ausgabeorientierte Scanauflösung

Die ausgabeorientierte Scanauflösung geht nicht wie die vorlagenorientierte Scanauflösung vom machbaren Optimum aus, sondern vom notwendigen Minimum. Das bedeutet, die Scandatei soll bestmöglich, aber auch kleinstmöglich gehalten werden, denn je weniger Bilddaten zu verwalten sind, desto mehr Zeit lässt sich beim Öffnen, Sichern und bei der Retusche sparen.

Mit folgender Formel können Sie die notwendige Scanauflösung passend zur Ausgabe bestimmen. Diese Empfehlungen gelten generell. Es spielt also keine Rolle, ob Sie für einen Thermosublimationsdrucker oder einen Printservice (Halbtonausgabe) oder für Ihren Tintenstrahldrucker respektive eine Druckerei (Druckausgabe, Rasterung) einscannen.

- Die optimale Scanauflösung in dpi entspricht der doppelten Ausgabeauflösung in dpi. Bei einem Drucker mit 300 dpi scannen Sie mit 600 dpi ein. Durch die Verdoppelung der Scanauflösung gegenüber der Ausgabeauflösung können für das Ausgabegerät idealere Farbwerte für die Bildung eines Raster- oder Halbtonpunkts errechnet werden, d.h. ein Punkt wird aus insgesamt vier Pixeln (2 x 2) errechnet.
- Soll der Scan vergrößert oder verkleinert ausgegeben werden, dann ist dieser Faktor hinzuzurechnen. Bei 150% Ausgabe wird deshalb statt mit 600 dpi mit 900 dpi eingescannt (x 1,5); bei 75% mit 450 dpi (x 0,75). Diese Faktoren berücksichtigt die Scanner-Software in der Regel selbsttätig; Sie müssen nur die gewünschte Ausgabegröße eintragen.
- Sie sparen sich sehr viel Arbeit, wenn Sie dabei auch die soeben geschilderten Gegebenheiten zur eingabeorientierten Scanauflösung berücksichtigen (es macht keinen Sinn, die maximale Informationsdichte der Vorlage zu überschreiten).
- Stellen Sie die Auflösung des Scanners nur bis zu seiner maximalen physikalischen (optischen) Auflösung ein. Das bedeutet, die von Ihnen gewählte Auflösung sollte, multipliziert mit dem gewählten Maßstab, nicht größer werden als die maximale physikalische.
- Wenn Sie die Wunschgröße nicht ohne Interpolation erreichen können, dann scannen Sie bei maximaler physikalischer Auflösung im Maßstab 1:1 und skalieren in der Bildsoftware (dort ist

die Kontrolle darüber, wie sich die Interpolation auswirkt, genauer).

Jeder Scanner hat eine physikalisch bedingte Maximalauflösung. Sie finden diese Angabe in den Technischen Daten zu Ihrem Scanner. Ungeachtet der obigen Faustregel sollten Sie diese physikalische Auflösung nie überschreiten, damit während des Scans keine Interpolation stattfindet.

7.8 Tipps zum Digitalisieren

7.8.1 Bildstörungen (Moirés)

Wird ein Bild digitalisiert, so kann es in gleichmäßigen Linienstrukturen – etwa bei gerasterten Druckvorlagen – zu Interferenzmustern, dem Moiréeffekt, kommen.

Auch Monitor und Ausgabegerät können durch die zeilenweise Darstellung respektive Wiedergabe ein Moiré erzeugen. Ein auf dem Monitor sichtbares Moiré bedeutet also nicht zwingend auch ein Moiré bei der Ausgabe (ändern Sie den Darstellungsmaßstab, um das zu prüfen). Umgekehrt bedeutet kein Moiré bei Digitalisierung und Darstellung nicht, dass auch kein Moiré bei der Ausgabe auftreten wird. 

Ein Moiré können Sie mit der Änderung eines dieser Parameter beeinflussen:

- Vorlagenwinkelung bei der Digitalisierung.
- Scanauflösung.
- Scanmaßstab.
- Bildschärfe (Scharfstellung).
- Kann der Scanner nicht defokussiert werden, legt man eine Glasplatte zwischen Vorlage und Vorlagenhalter.
- Digitale Schärfe (Unscharfmaskierung).

7.8.2 Interpolation

Interpolation meint die rechnerische (aber immer nur näherungsweise) Bestimmung neuer Werte zwischen zwei bekannten Werten. So kann zwischen zwei Pixeln ein drittes berechnet werden, was die scheinbare Auflösung erhöht. Böse Zungen übersetzen „Interpolation" auch mit „Ratespiel" und haben gar nicht so unrecht damit.

Das kontrollierte Skalieren in der Bildbearbeitung ist immer besser als ein unbekanntes Interpolieren bei der Digitalisierung! 

Glossar

Auflösung

Maßangabe, mit der sich die Fähigkeit eines Gerätes beschreiben lässt, Details wiederzugeben. Gängige Maßeinheiten sind ppi (pixel per inch), dpi (dots per inch) und lpi (lines per inch). 1 Inch entspricht 2,54 cm. Manchmal wird statt der amerikanischen auch die europäische Maßeinheit „cm" benutzt – Linien pro Zentimeter.

„dpi" kennzeichnet die höchstmögliche Auflösung eines Ausgabegerätes (Text, Line Art).

„lpi" (lines per inch) bezeichnet die Halbtonauflösung des Ausgabegerätes (Graustufen-, Farbwiedergabe).

„ppi" (pixel per inch) bezeichnet gleichfalls die Halbtonauflösung, wird meist in Verbindung mit Monitoren und digitalen Kameras gebraucht.

Bei digitalen Kameras wird meist die Feinheit des Bildrasters (640 x 480 Pixel, 1528 x 1146 Pixel) oder aber die gesamte Pixelanzahl (3 Megapixel, 8 Megapixel) angegeben.

DPOF

Das „Digital Print Order Format" zeigt schon durch die Namensgebung, dass es vor allem auf den Ausdruck abzielt. Bei entsprechend ausgerüsteten Kameras kann vorgegeben werden, welche Fotos ausgegeben werden sollen.

Dabei können jeweils Ausgabegröße und –anzahl sowie weitere Angaben wie Bildnummer, Datum oder Adresse für die Bildausgabe vorgegeben werden. Diese Angaben können vom Fotolabor, aber auch von einigen Druckern, ausgewertet werden.

Exif

Das „Exchangeable Image File Format" ist ein Dateianhang (Metadaten), mit dem Aufnahmedaten an die Bilddatei angehängt werden, die von geeigneter Software auch wieder ausgelesen werden können: Datum und Uhrzeit, Kamerahersteller und Modell, Belichtungsfunktion, Verschlusszeit, Blendenwert, Belichtungsmessmethode, Blitz an/aus, Empfindlichkeit, Einstellung des Weißlichtabgleichs, Brennweite, Farbraum…

Der Standard Exif 2.2 kann noch mehr Parameter speichern und soll insbesondere den Druck der Fotos verbessern helfen, indem weitere hilfreiche Daten wie Lichtquelle, Motivabstand sowie der aktuellen Kameraeinstellungen von Bildkontrast, Schärfe, Farbsättigung usw. erfasst werden.

Histogramm

Das Histogramm ist die grafische Darstellung (Säulendiagramm) der relativen Pixelanzahl für den Wertebereich von hell bis dunkel.. Die Grafik gibt Aufschluss über die Helligkeitsverteilung. Je höher eine Säule ist, um so mehr Bildpixel haben diesen Wert.

Dem Histogramm können folgende Informationen entnommen werden:

- Kontrast – je unterschiedlicher einzelne Bereiche sind, um so höher der Kontrast.
- Helligkeitsverteilung im Bild – wo liegen die Schwerpunkte?
- Zeichnung in den Lichter- und Schattenbereichen.

Das Histogramm ist also eine nützliche Informationsquelle – bei der Bildbearbeitung. Im Aufnahmebereich ist es nicht mehr als interessant. Denn selbst wenn das Histogramm Maßnahmen wie zum Beispiel eine Gradationsverflachung oder eine Farbanhebung nahe legt, so ist während der Aufnahme nicht der richtige Zeitpunkt dafür: Die Einflussmöglichkeiten direkt in der Kamera sind begrenzt und nicht widerrufbar.

IPTC

IPTC (International Press Telecommunications Council) ist ein Standard, bei welchem dem Foto Bilddaten wie etwa Urheberrechte, Bildbeschreibung usw. mitgegeben werden können. Dieser so genannte IPTC-Header ist integraler Teil der Bilddatei und bessere respektive professionelle Kameras können die wichtigsten IPTC-Daten wie Aufnahmedaten und Urheber gleich mit der Aufnahme sichern. Professionelle Anwender bei Zeitungen, Presse- und Bildagenturen erleichtern sich damit die Verwaltung (und Abrechnung) der Fotos.

Das Eingeben der IPTC-Daten muss aber nicht notwendigerweise direkt bei der Aufnahme erfolgen, sondern diese Angaben können den (bearbeiteten) Bilddaten auch nachträglich zugefügt werden. Das ist unter anderem bei den Formaten JPEG, TIFF, PSD, EPS, PNG, BMP, PICT und GIF möglich.

JPEG

JPEG (Joint Photographers Experts Group) ist im eigentlichen Sinne kein Grafikformat, sondern eine hocheffektive Komprimierungsmethode, mit der 24-Bit-Bilder und Graustufenbilder auf bis zu 1/20 ihrer Originalgröße komprimiert werden können.

Aufgrund der Arbeitsweise des Algorithmus ist dieses Verfahren am besten für naturalistische Bilder wie Landschaften oder Stilleben geeignet. Weniger gut werden Bilder mit Text oder allgemein Strichzeichnungen interpretiert. JPEG ist bei der Datenkomprimierung von Standbildern sehr effektiv (für bewegte Bilder kommt ein verwandtes Prinzip zum Einsatz: MPEG).

Das Verfahren arbeitet verlustbehaftet: Was einmal (weg-) komprimiert worden ist, kann nachträglich nie mehr hinzugerechnet werden – die schlechtere Qualität bleibt. Aber JPEG bietet die Möglichkeit, unterschiedlich stark zu komprimieren. Und in der höchsten Qualitätsstufe erreicht JPEG ein Niveau, das gegenüber dem TIFF-Format kaum messbare Unterschiede aufweist, aber deutlich weniger Speicher belegt. Dies ist ein Grund, warum JPEG gerne und oft als Standardformat in digitalen Kameras benutzt wird.

JPEG wurde allerdings speziell für Halbtonbilder – für Fotos – entwickelt und optimiert und eignet sich deshalb nur schlecht oder gar nicht für andere Dateien wie Verbunddokumente (Text, Bild und Grafik gemischt), Computergrafiken (mit harten Übergängen) und Strichgrafiken.

Mit dem neuen Standard JPEG 2000 soll sich das alles ändern. Zuvorderst besteht hier auch die Möglichkeit der verlustfreien Komprimierung (bei rund halber Dateigröße). Verlustfreie Komprimierung beherrschte zwar auch schon einer der vielen JPEG-Modi, aber den kennt kaum ein Komprimierungsprogramm.

Weiter wurden die Algorithmen auch für Bild, Text und Grafiken optimiert, so dass JPEG 2000 alle Anlagen hat, sich zu einem neuen Standard zu entwickeln und auch in digitalen Kameras Einzug zu halten.

Lichtstärke

Die Lichtstärke bezeichnet die größtmögliche Öffnung (= Blende) eines Objektivs. Bei hoher Lichtstärke (zum Beispiel 2,0 oder 1,4 – je niedriger die Zahl, desto höher die Lichtstärke) lassen sich Aufnahmen noch bei wenig Licht aus der freien Hand und ohne Blitzlicht machen. Gleichzeitig wird die Schärfentiefe um so geringer, je weiter die Blende geöffnet ist – das Spiel mit der (geringen) Schärfentiefe, das «Freistellen» eines Motivs vor unscharf aufgelöstem Hintergrund als gestalterisches Element ist möglich.

Proprietäre Speicherdaten

Neben den Standards wie Exif oder IPTC gibt es immer wieder Versuche einzelner Hersteller, eigene, nicht öffentliche Speicherdaten zu implementieren. Andere Hersteller können diese nur gegen Lizenzierung übernehmen.

Ein Beispiel ist Print Image Matching von Epson, das die Farbraumbeschreibung der Kamera in die Exif-Informationen der Bilddaten schreibt und diese bis zum farbrichtigen Druck transferieren soll. Dabei fällt einem allerdings sofort als offene Lösung ein vernünftiges Farbmanagement mit ICC-Profilen als Alternative ein.

So gut der einzelne Ansatz gemeint sein mag, die mangelnde Standardisierung hat bislang verhindert, dass sich solche Versuche auf breiter Front durchsetzen konnten.

RAW

RAW (roh) – das reine Bilddatenformat ohne jegliche Berechnungen wie Komprimierung, Schärfe, Farbe, Weißabgleich etc. Das verspricht maximale Bildqualität mit maximalen Beeinflussungsmöglichkeiten in der Bildbearbeitung.

RAW ergibt sehr große Bilddateien, die um den Faktor 10 größer sein können als eine JPEG-Datei und das wiederum bedeutet langsame Speicherung und damit Aufnahmefolge und deutlich geringere Aufnahmekapazität – auf eine Speicherkarte passt nur ein Bruchteil der Fotos.

Da das Format noch keinerlei Bildberechnungen enthält, muss jedes einzelne Foto zudem zwingend bearbeitet werden. Weil jeder

Hersteller proprietäre RAW-Bildformate verwendet, die sich sogar von Kameramodell zu Kameramodell unterscheiden können, ist für die Bearbeitung ein Spezialprogramm des Herstellers notwendig. Ob das auch in fünf Jahren noch erhältlich ist, ist fraglich.

Bildbearbeitungsprogramme bieten zwar zunehmend die Möglichkeit, auch (einige) RAW-Formate einzulesen, doch auch hier ist der Langzeitzugriff nicht gesichert.

RAW folgt im Gegensatz zu den anderen Bildformaten keinem allgemeinen Standard und wird das auch nie tun, denn jeder Hersteller hat seine eigenen Erfahrungen und Tricks, wie die Daten des Bildwandlers bestmöglich ausgelesen und aufbereitet werden können. Es empfiehlt sich deshalb, alle Bilddateien sicherheitshalber immer auch in einem kompatiblen Format wie TIFF oder JPEG zu archivieren.

TIFF

Das Tagged Image File Format ist plattformunabhängig und deshalb das gebräuchlichste – und zuverlässigste – Bildformat für den Austausch zwischen verschiedenen Plattformen (z. B. zwischen Macintosh und Windows).

Als Dateiformat für digitale Kameras hat es im Gegensatz zu RAW den Vorzug (manche sehen das auch als Nachteil an), dass alle Bildberechnungen bereits durchgeführt wurden, bevor das TIFF gespeichert wird. TIFF-Dateien können aufgrund des Standardformats mit hoher Kompatibilität also unmittelbar auch archiviert werden. Im Gegensatz zu JPEG werden TIFF-Dateien unter allen Umständen verlustfrei gespeichert. Die Dateigröße entspricht in etwa der des RAW-Formats.

Index